理解他者　理解自己

也
人
———
The Other

永恒和一日 安哲罗普洛斯访谈录

[以色列]达恩·弗伊纳鲁 编 静恩英 译 焦晓菊 校

上海书店出版社
SHANGHAI BOOKSTORE PUBLISHING HOUSE

图拉·斯塔索普洛斯，《重建》

扬尼斯·坎季拉和赫里斯托斯·奇马纳斯，《1936 年的岁月》

《流浪艺人》

伊娃·科塔马尼杜，《流浪艺人》

马诺斯 · 卡特拉基斯, 《塞瑟岛之旅》

马诺斯·卡特拉基斯和多拉·沃拉纳基，《塞瑟岛之旅》

马塞洛·马斯楚安尼和纳迪娅·穆鲁奇,《养蜂人》

塔尼娅·帕里奥洛古和米哈利斯·泽克，《雾中风景》

格雷戈里·卡尔，《鹳鸟踟蹰》

《 尤利西斯的凝视 》

伊莎贝尔·雷诺，《永恒和一日》

亚历山德拉·埃迪尼和尼科尔·普桑尼迪斯,《哭泣的草原》

《哭泣的草原》

西奥·安哲罗普洛斯和菲比·伊科诺莫普洛·安哲罗普洛斯
在沟口健二墓前，日本东京，1981 年

西奥·安哲罗普洛斯
在《塞瑟岛之旅》片场，1983 年

西奥·安哲罗普洛斯
在《哭泣的草原》片场，2002 年

目 录

CONTENTS

引 言

1

大事记

21

———————

朽坏之地的一首挽歌：《重建》

3

揭开权力模式的面纱：《1936年的岁月》

12

穿越希腊山水与历史之旅：《流浪艺人》

23

于无声处听惊雷：《猎人》

34

复活逝去的时空：《大佬亚历山大》

41

种植西红柿

49

干瘪的苹果:《塞瑟岛之旅》

59

电影《养蜂人》漫谈

80

《雾中风景》

90

安哲罗普洛斯的电影哲学

99

沉默如对话一样意义丰饶:《鹳鸟踟蹰》

113

民族文化与个人视野

126

荷马即是"心安之处":《尤利西斯的凝视》

136

凝视中的人类历程:《尤利西斯的凝视》

143

流逝的时光:《永恒和一日》

156

他的生命时光:《永恒和一日》

175

以我呼吸的方式拍摄:《永恒和一日》
181

关于其他……
190

————————

作品年表
231

引　言

INTRODUCTION

　　西奥·安哲罗普洛斯可能并非家喻户晓的名字，在美国肯定是如此。但电影史上比他更配得上"电影作者"（film auteur）这一经典概念的人绝对凤毛麟角。安哲罗普洛斯导演的每部电影的每个片段的每个镜头都彰显着他不可磨灭的艺术个性。一种独特的基调主导着他的所有作品。对于他执导的电影，只要在任何一处——无论是影片的开头、中间还是结尾——匆匆一瞥，便足以发觉影像背后隐藏的作者特质。你可能会跟我们很多人一样喜欢他的电影，崇拜他的作品，为之着迷。你也可能不喜欢他的电影，讨厌他的作品，觉得它们枯燥乏味。持后一种想法的人很多，没准更多。但无论你对其作品的看法如何，都不得不承认，这些作品的形式和内容背后呈现了一种独特的、坚定的、精确的导向观念。虽然安哲罗普洛斯在电影界依旧是个略显形单影只的人物，他的声音却是现代电影中的一个最强音。

安哲罗普洛斯生于 1935 年的希腊雅典，在二战中度过童年时代，他成长的国家历经政治动乱、独裁，以及一连串始于战前并在二战正式结束后仍持续了很久的内战，摇摇欲坠。这些记忆有很多最终都在安哲罗普洛斯的电影中找到了宣泄口，特别是他父亲的失踪：先是某天无端被捕，后又遭流放，在大家都绝望地以为此人已不在人世时，他父亲又像失踪时一样突然地返回家中。为了满足其中产阶级家庭对他的期望，安哲罗普洛斯顺从地进入了雅典大学的法学院，但在四年后的毕业前夕，他收拾行囊离开希腊，前往法国巴黎学习电影。在法国知名的高等电影研究学院（IDHEC）经历了叛逆的一年后，他转入法国人类博物馆（Musée de l'Homme），师从电影民族志学家让·鲁什（Jean Rouch），晚上则在法国电影资料馆（La Cinémathèque Française）做引座员赚钱养活自己。他是理想主义的 20 世纪 60 年代的产物，吸收了1968 年前巴黎学生群体的很多反叛精神。那时，激进左翼似乎带着所有承诺：一旦打败了旧的保守精神，一个伟大、美好的新世界就会到来，而所有好人的责任便是为争取胜利而奋斗。回到故土后所目睹的希腊政治动乱反而鼓励他坚持这种信念并在自己的国家付诸实施。他一度为左翼杂志《民主变革》(Demokratiki Allaghi) 撰写影评，直至杂志社被政府关闭。在经历了第一部电影《福明克斯的故事》(Forminx Story)拍摄失败及制作一部有关广播秀的讽刺短片《广播》(The

Broadcast）之后，他最终在 1970 年开启电影生涯，与一群朋友在没有资金的情况下拍摄了自己的第一部故事片《重建》（*Reconstruction*）。

希腊电影中心（Greek Film Center）曾为 1998 年在伦敦举办的安哲罗普洛斯电影回顾展出版了一本小册子，在里面，安哲罗普洛斯将自己的职业生涯划分为截然不同的三个时期。他将第一个时期描述为"符合西欧普遍的意识形态乱流的历史片和政治片"时期。与已故德国影评人弗洛里安·霍普夫具体谈及电影《重建》时，安哲罗普洛斯告诉对方，对他而言："这部电影……是为一块逐渐朽坏并被居民遗弃的土地所作的一首挽歌。这一切始于 1962 年，当时西德的经济援助政策允许希腊人去那里工作生活。那时这个议题在希腊的左翼和右翼报纸上都有热烈讨论。一些人认为移民无异于灾难；其他人觉得这有相当大的积极作用，因为如果很多工人离开希腊，那么有组织的工人阶级所带来的威胁就没有了，对执政当局的抵抗也不复存在。那段时期，军政府的上校们[1] 乐于看到所有反对者都离开这个国家。比如，我所有的朋友都寓居国外……除非他们已身陷囹圄。正是为了他们，我拍摄了《重建》。"

审查在当时是一个严重的问题，而避免与之直接正面对

---

[1]　希腊军政府，又称上校政权，指 1967 年至 1974 年统治希腊的军事独裁政权。——除另有说明外，脚注均为本书译者注

抗成为主要担忧的方面。1973 年，当影片《1936 年的岁月》（*The Days of '36*）在柏林电影节论坛上放映时，安哲罗普洛斯对乌尔里希·格雷戈尔说："事实上，最初的剧本跟最终成片差别很大。"出于众所周知的原因，他当时并没有讲得太细。然而，为了阐明这部电影的现代语境，他还是指出："我们当前的政治态势与之前并无不同，那时国王意识到两个主要党派无法自行达成协议，于是横加干涉，支持（二战前的独裁将军）梅塔克萨斯（Ioannis Metaxas）。"他自豪地说，电影在一个富有熟人的帮助下才得以制作完成，那个熟人在电影拍完后对他说："我不在乎投资你的电影是否会亏钱。这段经历是值得的，通过这部影片，我学到了很多以前不知道的东西。"就安哲罗普洛斯而言，为那些无知者揭开历史真相是政治电影的职责。

安哲罗普洛斯第一阶段的顶峰是影片《流浪艺人》（*The Travelling Players*），它是电影艺术、创新的电影语言、历史、政治与省略叙事的完美结合体。影片在戛纳电影节平行单元"导演双周"上放映后，安哲罗普洛斯树立起牢固的国际声誉。当下一次携《猎人》（*The Hunters*）再访戛纳时，他已入围正式竞赛单元，被认为是电影大师新秀之一。

从安哲罗普洛斯暂居巴黎起，布莱希特的影响即融入其个人视野，不可分割，整个第一阶段，这种影响在他制作的每部电影中都一目了然。在与弗朗切斯科·卡塞蒂谈及影片《猎人》中的一个具体镜头时，安哲罗普洛斯解释说：

"您提到的……场景是一个很长的单镜段落（long sequence shot）[1]，呈现的是两个人做爱、一群人围坐桌旁吃饭、美国女人走进来买下所有东西、那名政客脱衣服。通过摄影机的横摇，镜头从一个场景转到另一个场景，我们借此揭示出一个重要形势的不同面向，同时避免让观众辨识出其中任何一个面向，因为他们被一个接一个的惊奇场景所震撼。借此，我们放大了一面的同时略去了另一面。这就是布莱希特所说的'间离'。"

随着时间流逝，安哲罗普洛斯的祖国及整个欧洲的政治形势发生了变化，原来泾渭分明的好与坏、正确和错误，特别是右翼和左翼，都被大面积灰色地带侵占。安哲罗普洛斯开始接受这样的事实，即权力腐败不仅存在于右翼，同样存在于左翼。1980 年他对《视与听》(Sight and Sound) 杂志说，制作电影《大佬亚历山大》(Megalexandros) [2] 是为了表现那种导致所有当权者或政权——无论其最初动机多么高尚——向专制转变的危险。此后，他又在多次访谈中反复暗示，政治

[1] "sequence shot" 对应法语中的 "plan-séquence"，有 "单镜段落""序列长镜头""长镜头" 等多种译法，是长镜头拍摄手法的一种，强调在不剪辑的前提下，用一个长镜头拍摄包含多个场景的画面，交代不同时空发生的事。为了与 "long take"（长镜头）相区分，本书将 "sequence shot" 均译为 "单镜段落"。关于修饰词 "long"，结合影片，应指 "sequence shot" 持续时间很长，虽然 "sequence shot" 本身就指长镜头，但为了尊重原文的强调意味，此处将 "long sequence shot" 译为 "很长的单镜段落"。

[2] 影片片名在国内通常译为 "亚历山大大帝"，但其实讲述的并非亚历山大大帝的故事，详见《复活逝去的时空:〈大佬亚历山大〉》一篇的内容。

已经成为一种犬儒主义游戏，完全背离了过去的承诺。"长久以来，我们一直以为政治不是一种职业，而是一种信念、一种信仰和一种理想。然而近些年来，我已经确信政治只不过是另一种职业，仅此而已。"安哲罗普洛斯在 1991 年《鹳鸟踟蹰》(*The Suspended Step of the Stork*) 上映后对埃德娜·弗伊纳鲁这样说。

完成《大佬亚历山大》之后，安哲罗普洛斯开始意识到自己作为艺术家的角色也要改变。1985 年，在与比利时影评人米歇尔·格罗登特谈及《塞瑟岛之旅》(*Voyage to Cythera*) 时，安哲罗普洛斯认为，这部影片旨在"为希腊观众提供一种摆脱过去创伤并直面未来的可能"。他对政治及其为善潜力的失望更加明显。"现在每件事都会有一种政治阐释，但不宜过度……自（希腊国内的）正常化开始以来，我们正在寻找新方法，我觉得我们正在回归一种存在主义。"同时为了表明布莱希特的影响正在消失，安哲罗普洛斯补充道："世界如棋盘，人不过是个小卒子，影响整个棋局的可能性微乎其微。"

在安哲罗普洛斯电影的第二个发展阶段，他退至个人史，但视野中始终保留着更宏大的历史图景。他在这一时期提到："历史和政治移入背景之中……电影更多聚焦于人物。"在与米歇尔·西芒讨论电影《养蜂人》(*The Beekeeper*) 时，他说："我们现今生活在一个历史巨变的关头，等待着世界发生变革，却不知道这种变革何时及如何发生。"在解释从宏观向个人转变的原因时，安哲罗普洛斯用了一个在此后采访中反复使用的措辞："历史现在陷入了沉默。我们都在通过挖掘自身来努力寻找答案，因为在沉默中生活相当不易。"难怪他视《塞瑟岛之旅》《养蜂人》和《雾中风景》(*Landscape in the Mist*)为沉默三部曲——历史的沉默、爱的沉默和上帝的沉默［详见加布丽埃尔·舒尔茨为德国《时代》(*Die Zeit*)周报所做的采访］。

为了找到这种情绪的完美呈现，人们得深入安哲罗普洛斯电影的第三个发展时期，去赏析影片《尤利西斯的凝视》(*Ulysses' Gaze*)中一个精彩的单镜段落。这个镜头描述的是某类政治梦想最终破灭于一场宏大的葬礼：一座巨型领袖雕像被绑在一艘驳船上，从多瑙河顺流而下。岸边观看的农民摘下帽子，在胸前画着十字——这是一个清晰的象征：对他们而言，这类政治信仰和宗教没什么两样，无论在此议题上官方立场如何。最近，安哲罗普洛斯在家中为本书接受采访时说："多年来，人们笃定地认为世界能够也应该被改造得更好，而与此同时，无论是努力想带来这种变革的一方，还是试图去镇压变革的另一方，都常常诉诸暴力。"这种梦想的破灭是安哲罗普洛斯痛苦的来源之一。历史让人心灰意冷。那些像他本人一样相信理想的人，为这种无法实现的理想付出了高昂的代价。"我这代人深受这种暴力冲突之苦。我们在希腊经历了一场内战，这场战争留下一个满目疮痍的国家，在物质和精神上都是一片废墟。"

希腊及其所有巴尔干邻国的现状为安哲罗普洛斯第三时

期的电影提供了背景，他把这种状况描绘得更具存在主义特色，更以人类命运为中心。这一时期他的影片涉及边界议题，包括外部的和内心的边界；也涉及流亡，包括外部的和内心的流亡；还涉及对一个失落核心的找寻——其主题就像一首雄壮而悲伤的挽歌，被反复吟唱。在他最后的三部影片[《鹳鸟踟蹰》、《尤利西斯的凝视》、《永恒和一日》(Eternity and a Day)]中，安哲罗普洛斯认为片中主要人物的命运及他们所反映的希腊的命运，与他们所生活的整片地区不可分割。"移居他国，流离失所，以及那些被逐出家园、跨越边境线寻求庇护的难民，这些都是我们这个时代最为迫切的社会议题。"他说。他指的可能是不久前降临这个地区的那些灾难，但他认为这种灾难在全世界普遍存在。电影《鹳鸟踟蹰》的片名指的是一名军官在边境线抬起一只脚，声称如果那只脚落在边境线的另一侧，他就会被击毙。边界是要被清除的祸害。"在我看来，这正是欧洲联合的真正意义所在。要摆脱沙文主义及其哺育的敌意，欧洲合众国(the United States of Europe)是唯一的希望。现在的欧洲似乎接近成为一个经济体，而距离成为一个政治联合体似乎相当遥远。没有这个政治联合体，经济联合体能否活下去尚存相当大的疑问。"政治，曾经是其创意的主要驱动力，现在进一步失去了它的风味。在他最近一部影片《永恒和一日》的片场，安哲罗普洛斯告诉吉迪恩·巴赫曼："如果您想跟我谈政治，那我不得不告诉您，我对此一直知之甚少，到最后根本就一窍不通。"

　　安哲罗普洛斯的影片以对单镜段落的运用以及他对文化、历史和政治题材的痴迷而独树一帜。虽然这些特色使其影片区别于同代人的作品，但他并非一蹴而就。安哲罗普洛斯常称安东尼奥尼（Michelangelo Antonioni）的影片为其灵感来源。再向前追溯，他提及茂瑙（F. W. Murnau）、沟口健二、奥森·威尔斯（Orson Welles）和德莱叶（Carl Theodor Dreyer），这些人都如他一样喜欢用单镜段落。但这些电影制作者无人像他那样在视觉和主题选择上始终如一，亦无人像他那样理所当然地宣称，自己的所有电影本质上只是一部作品的片段，每部影片都孕育着下一部影片。出于这个原因，安哲罗普洛斯说，他的影片没有一部是以传统的结尾（"剧终"）来结束的。只要他还继续制作影片，那么每部电影的结局必将是下一部电影的开篇。

　　安哲罗普洛斯的电影语言完全基于单镜段落，他是"呼吸镜头"（breathing shot）的虔诚信徒。"呼吸镜头"是指在预定拍摄的动作之前几秒就开始拍摄，并在动作结束之后再继续多拍几秒。早在 1974 年谈及《流浪艺人》时，他就告诉米海尔·泽莫普洛斯和弗里达·利亚帕斯："支配整部影片的基本原则是单镜段落，不管摄影机是在运动还是静止的（大部分时间是运动的）。这样一来，能够增加场景深度，也能捕获更多细节，剪辑则在摄影机中完成。"他坚称单镜段落使自己在表达上拥有更多自由，当然，他也承认，这让观众观影不那么轻松。最初，他说单镜段落是他出于直觉的选择，认为那是自己能制作电影的唯一方式。最近，当被要求再进一步详细说明时，安哲罗普洛斯解释说，对他而言，把实际时间剪切成小的时间片段，直接奔向每个拍摄场景的高潮，去掉每个镜头开始与结尾处呼吸的瞬间，这有点儿像"强奸"观众，强迫他们的视线不能离开。他的摄影机复杂且精细讲究地长时间运动着，开始后便一直持续，从所有可能的角度观察角色及其生活于其中的景观，但一直保持体面的距离，极少沉迷于任何哪怕是略微类似于特写的镜头。"我总是担心片中出现那种几乎是大叫着'看着我！'的画面帧。"

安哲罗普洛斯电影的另一个视觉特色是遍布整个希腊北部的荒芜景观：阴暗的天空、雨和寒冷的天气。众所周知，他会因天气好转而停止拍摄，若在春天来临之前无法完成拍摄，他会把整个拍摄任务推迟到下一个冬天。法国电影杂志《正片》(Positif) 的主编米歇尔·西芒是安哲罗普洛斯的一名忠实粉丝，1987 年，西芒与安哲罗普洛斯谈到《养蜂人》时曾说，他的这种偏好让自己想起了安东尼奥尼对意大利北部波河谷的迷恋。安哲罗普洛斯本人对自己这种景观选择偏好给出了很多可能的理由（其中一些解释在本书的访谈中能找到），但他最后承认："我无法解释。过去我一直试图找到一个答案，但真的找不到。或许得追溯到很久以前。也许心理分析能揭示真正的根源吧。"

安哲罗普洛斯一直采用实景拍摄，从不用摄影棚。希腊并没有太多摄影棚拍摄的传统，加之他痴迷完美主义，所以从来没有尝试这样去做。但真实的外景地对他而言只是起点。"我觉得有必要将自然景观转化为我想象中的内心景观。我重新粉刷房子，有时甚至将它移走；我在没有桥的地方建桥。"

安哲罗普洛斯电影中的剪辑让大多数传统剪辑师感到困惑。正如他常说的，剪辑是在摄影机中完成的，节奏是在那里确立的。使用剪辑台的目的只是检查一切是否如片场规划的那样进行。如果不是，剪辑师于事无补，唯一的解决办法是全部重拍。安哲罗普洛斯电影中唯一真正的剪辑不是为了图像而是为了声音，在这方面他投入大量时间和精力。"音效从不是偶发的，它们彼此间遵循一定的韵律。人们几乎可以数出那些节拍。举个例子，您知道我的演员念白时真的会默数两句台词之间的节拍吗？"

剪辑的作用之一通常是将一定的秩序加入电影叙事中，让观众更容易理解。但是对安哲罗普洛斯而言，他要表达的言外之意与言明之意同等重要。"省略（ellipsis）是创作过程中的一种绝妙选择，能让观众成为电影制作者的搭档。"对安哲罗普洛斯来说，把观众当作搭档是影片创作的一个必要条件。"这完全取决于观众及他们观影时有多强的意愿去做他们那份工作。影片为观众提供了一定数量的信息，但只有通过他们自己的输入来补全其余信息，观众才有希望欣赏影片。"对他而言，这无法妥协。在与《电影手册》（*Cahiers du Cinéma*）杂志的编辑们讨论影片《雾中风景》（讲述两个孩子一路寻父的故事）的基本要素时，他几乎是带着担忧地说：

"如果采用完全不同的拍摄方法，并把这些特色明确地表现出来，这部影片本可以成为热门的商业大片。"但这种做法显然对他全无吸引力。

尽管视觉风格是他最引人注目的特征，但其主题选择，即他的"执念"（obsessions）——众所周知他自己也这样说——同样极易识别：对父亲形象的找寻，父亲出现或是缺席的意义，作为隐喻概念和参照点的父亲；希腊和巴尔干现代历史的极度重要性以及这些历史影响该地区居民的方式，在碎片中重建个人与历史真相的尝试，折射重要历史事件的小故事；其影片中所有人物踏上的旅程，边界，流亡的概念，流离失所的人们寻找他们可以真正称之为家的地方，永恒轮回的创伤。

正如下面的采访清晰所示，这些主题特色可能会随时间流逝而变化，但都出现在他的所有作品之中。"我所有的这些执念就像一场音乐表演中的乐队乐器那样进入和退出我的电影，它们陷入沉寂不过是为了后面再出场。我们注定要用执念来工作。我们只拍一部电影，我们只写一本书。这些都是围绕同一主题的变奏曲和赋格曲。"安哲罗普洛斯为美国出版与《永恒和一日》相关的书接受采访时这样说。

有一个要素反复出现在他的几乎每部影片中，那就是时常参考希腊神话，特别是《奥德赛》（Odyssey），这个神话为他的很多影片提供了基本的剧本结构。"希腊人是抚摸着断壁残垣的石头长大的……我一直努力把神话从阳春白雪的高位拉下来，直接呈现给普通人。"安哲罗普洛斯在谈及《大佬亚历山大》（它参考的是俄狄浦斯的神话）时曾对托尼·米切尔这样说。安哲罗普洛斯常从《奥德赛》和阿特里德斯（Atrides）神话（这些神话传说是许多希腊悲剧的源头）中汲取灵感，比如他经常提到，他将《重建》开篇的单镜段落视为尤利西斯旅途归来的现代重现；《塞瑟岛之旅》基本上就是尤利西斯和珀涅罗珀的故事；当然，《尤利西斯的凝视》的片名就暴露了它参考了神话故事。阿特里德斯神话被用于影片《流浪艺人》，因其"为我观察一个社会群体从 1939 年到 1952 年整个时期的状况提供了一个选项"。它们的相似性显而易见，绝非牵强附会。电影中只有一个名字真正来自神话，即儿子这个角色的名字俄瑞斯忒斯。至于其余角色，他承认他们的动机不同，环境亦大相径庭。"历史影响他们，改变他们，转化他们……这（神话）帮助我更准确地界定他们得以活动于其中的历史空间。"

有趣的是，直到他的第五部影片（1983 年的《塞瑟岛之旅》），多数采访者只关注安哲罗普洛斯电影的纯知性面向。他们详细讨论影片的美学策略、政治观点、历史背景，但鲜少进入导演的个人生活。这是一种缄默，可以解释为向这类彻底变革自己艺术根基的人（他的同代人中能够这样做的，即使有也是极少数）表达敬意。从《塞瑟岛之旅》开始，随着他的影片本身变得愈加个人化，采访问题也是如此。安哲罗普洛斯常说，影片开头表现德军长驱直入雅典的部分基于他本人童年经历的片段。谈到影片中父亲的名字时，他告诉米歇尔·格罗登特："斯皮罗斯（Spyros）是我父亲的名字。对我而言，这个名字代表着他那一整代人。这个名字在影片的语境中并无任何意义，但我特别喜欢它。"没有意义，真的吗？"正是通过寻找父亲这个人物形象，我们找寻通向未来之路，同时保持我们的情感平衡。"没过多久，他在同一个采访中这样说道。随着时光流逝，显而易见的是，他的个人史与其制作的影片紧密地交织在一起。诚如前面已经提及的，安哲罗普洛斯最痛苦的童年记忆之一，是他父亲战后遭到流放。父亲返家是其首部影片《重建》第一个场景的灵感来源。他坦承，影片中的主要角色通常与他自己有相似之处。有时他会反思："或许我只是局限于我本人的经历、我本人的痛苦和希望，还有我本人的个人成长和发展。"

在最近三十年里肩扛希腊电影大旗，这种经历并非如人们想象的那样始终愉快，对安哲罗普洛斯这种倾向于直言不讳的人来说尤其如此。他曾公开批评希腊电影（其实不止电影）的很多方面。他的很多同胞深感被其个性挤压，声称安哲罗普洛斯阻碍了他们的职业生涯，没有给他们留下自行成长和发展的空间。尽管在不同时期，卡科扬尼斯（Michael Cacoyannis）、孔杜罗斯（Nikos Koundouros）、沃尔加里斯（Pantelis Voulgaris）和其他几位导演获得了一定的声誉，但过去三十年来安哲罗普洛斯一直是希腊电影在国际舞台上的唯一代表，这也是事实。他也很快承认，自己长时间占据高位，跨越了几代人，自然会"导致一些不满，不仅是在电影制作者中，在影评人中也是这样"。但他对这个问题并不总是像现在这样达观。他曾痛苦地跟托尼·米切尔说，1979年塞萨洛尼基电影节（Thessaloniki Film Festival）的口号是"安哲罗普洛斯去死"。同在这个采访中，他称这种"爱恨交加的关系"并不仅限于电影界，因为他的批评也指向范围更大的希腊议题，结果类似。有时，就像完成《鹳鸟踟蹰》后那样，他会怒不可遏地声称："我想就像影片中的马斯楚安尼（Marcello Mastroianni）那样公开声明，我在自己的祖国是一个政治难民。"果然，又拍了另外一部电影之后，在影片《永恒和一日》中，他的主角，一位与他惊人相似的诗人，说自己一生都过着被放逐的生活。但是另一方面，安哲罗普洛斯也承认，"一个人可以对自己的家不满，但不一定觉得非要抛弃它"。

从本书的访谈中，人们很容易看到，在安哲罗普洛斯的早期职业生涯中，他视自己为希腊电影界的正式成员。但随着他在国际上日益声名显赫，他和他的采访者都不再这么认为了。在母国，对他的一些怨恨来自人们认为他包揽了所有国家奖项和政府津贴。安哲罗普洛斯的一些同行认为这不公平，他们没他那么出名，常常不得不为自己的下一部影片努力寻找经费。尽管以好莱坞的标准看，安哲罗普洛斯的影片勉强算是小成本产品，但对于规模不大的希腊电影业而言，他的电影预算多年来一直极其高昂。自《大佬亚历山大》开始，他的影片都是由其公司与西欧合作伙伴共同制作的。诚然，希腊电影中心一直是重要的投资者，但他们几乎找不到更好的投资项目。尽管他的影片很难理解，但仍能在国外吸引专门的受众，而在希腊，观众依旧对他的每部影片大做文章。

本书的绝大部分访谈最初并非用英文发表。安哲罗普洛斯对电影是艺术这种观念的坚守及其对电影是娱乐这一观念的抵制，导致其影片在好莱坞主宰的环境中发行量十分有限。然而在欧洲，他不仅享有盛名，而且颇受欣赏，他被视为现代电影的中坚之一。这也许解释了为什么本书的绝大多数访谈最初是在那些熟悉和欣赏其作品的国家发表的，比如法国、意大利、德国和以色列。在这些国家，自《大佬亚历山大》开始，他的大多数作品都有商业发行。接下来你要读到的所有内容至少都被翻译过一次，更多是被翻译了两次。由于安哲罗普洛斯自己几乎不讲英语，他的所有访谈要么是用希腊语，要么是用法语进行的。这两种语言他都讲得十分流利。我理解意大利古语"翻译者等于背叛者"背后隐藏的危险。但是，鉴于结识安哲罗普洛斯已多年，加之经常采访他，我敢说在我看来，本书收录的每篇采访都能代表他的思想。

开始阅读访谈之前有两点建议。首先，如果你只是想了解安哲罗普洛斯，那你可能应该从杰夫·安德鲁的两篇访谈开始阅读。安德鲁是《伦敦休闲》(London TimeOut) 杂志的高级编辑，同时是国家电影剧院（National Film Theatre）的节目编排。第二点建议：这些访谈不宜孤立阅读。要看相关的电影，尽可能多地看，这样你才会从整个过程中收获更多。

本书的出版得益于很多人的帮助。首先也是最重要的，我要感谢西奥·安哲罗普洛斯和他的配偶菲比·伊科诺莫普洛（Phoebe Economopoulou，也是他的制片人）。他们向我开放他们的存档资料，允许我从中选择我能找到的最有趣的材料。安哲罗普洛斯还慷慨地拿出时间，保证我能进行长时间采访，同时让我能及时了解此后他接受的每次采访。我同样感谢希腊电影中心和沃拉·格奥尔加卡库（Voula Georgakakou），她总是乐于提供信息和材料；还有艾莉·彼得里季斯（Elly Petrides），把电影中心在英国举办的安哲罗普洛斯回顾展的小册子收集在一起；也要感谢柏林电影节论坛的卡琳·梅斯林格（Karin Messlinger），帮我翻译弗洛里安·霍普夫和乌尔里希·格雷戈尔对安哲罗普洛斯的访谈；还要感谢加布丽埃尔·舒尔茨，她为方便我而将自己所做的采访翻译成英文；感谢我亲爱的朋友亚历克西斯·格里瓦斯（Alexis Grivas），他一直是我的信息源，每次都对我伸出援手，自告奋勇地相助。没有他们的支持，我怀疑这项工作能否完成。

当然，我也要感谢所有最初的采访者和出版物，能慷慨地允许我在本书中使用他们的材料。我尤其要感谢我的妻子埃德娜。她像我一样非常了解安哲罗普洛斯及其电影，贡献了一篇采访并为我完成本书提供了我需要的所有建议。

大事记

CHRONOLOGY

1935 年　　4 月 27 日生于雅典一个商人家庭。

1940 年　　先是意大利军队后是德军进入希腊。其中一些事件在他后来的电影中得到了反映。

1944 年　　希腊解放，进入一场旷日持久、生灵涂炭的内战，带来的创伤需要多年来治愈。安哲罗普洛斯的父亲无任何征兆地被捕，无缘无故地遭到流放，9 个月后如同之前消失时一样突然返家。

1959 年　　毕业前夕从法学院退学，服兵役。

1961 年　　结束兵役，离开希腊前往巴黎索邦大学学习文学、电影学和人类学。

1962 年　　进入法国高等电影研究学院，与其老师发生冲突；尝试拍摄一部名为《黑白之中》(En Blanc et Noir) 的中长片，因缺乏资金一直未能完成；校内图书馆留有它的底片。

1963 年　　从高等电影研究学院转入让·鲁什在人类博物馆开设的电影课程。

1964 年　　回到雅典；为《民主变革》杂志撰写影评。

1965 年　　忙于美国与希腊合拍的关于一支流行乐队的故事片，名为《福明克斯的故事》，也被认为是为了乐队的美国巡演之旅做宣传。影片完成前被制片人换掉。

1967 年　　军队颠覆希腊政权。《民主变革》杂志社被关闭；对所有媒体实施严格审查。

1968 年	因希腊政治事件的影响，历经两年及 1967 年的长时间中断后，他完成了一部黑白短片《广播》，有关一个寻找"理想男人"的广播秀。电影得以上映，并在塞萨洛尼基电影节上斩获希腊影评人奖。
1970 年	《重建》，他的第一部基于真实事件的故事片，讲述了一个从德国打工返乡的希腊人被谋杀的故事，在当年的塞萨洛尼基电影节上收获了大多数奖项（最佳电影，最佳导演，最佳剧本，最佳女主角和影评人奖）。
1971 年	随着《重建》在法国获乔治·萨杜尔奖，并在柏林电影节上获费比西国际影评人奖特别提名，影片获得了国际认可。
1972 年	完成《1936 年的岁月》，根据二战前发生在希腊的真实事件创作，被评为塞萨洛尼基电影节最佳影片；一年后在国外放映，在柏林获费比西奖。
1974 年	是年 1 月，开始他从影以来最雄心勃勃的项目《流浪艺人》。后因政治事件不得不在 5 月停拍；11 月继续拍摄，并于 1975 年 1 月完成。《流浪艺人》比他此前的影片获得的奖项更多，不仅是在塞萨洛尼基获奖，更在戛纳、柏林、日本和布鲁塞尔斩获多项大奖。
1977 年	《猎人》，首部由他自己的公司与法国和德国的联

合制片人合作完成的影片，受邀参加戛纳电影节
正式竞赛单元。同年晚些时候，这部影片在芝加
哥获金雨果奖。

1980 年　《大佬亚历山大》，结合了几个希腊神话，具有拜
占庭仪式风格，是与其他欧洲国家（意大利和德
国）全面合作的作品。在威尼斯获金狮奖和影评
人奖，后又在塞萨洛尼基获奖。

1981 年　《一村，一人》(*One Village, One Villager*)，以困扰
他多年的议题（被居民遗弃的希腊乡村之命运）
为主题的纪录片，由希腊电视台播映。

1982 年　受邀参与拍摄欧洲文化之都的系列纪录片，制作了
《雅典，重回卫城》(*Athens, Return to the Acropolis*)，一
部有关个人视野中的城市（也是他的出生地）及
其历史意义的纪录片。

1983 年　1 月开拍《塞瑟岛之旅》；后因主演身体欠佳停机
两个月；最终于 1984 年制作完成。它开启了一
个本质上更加个人化的新周期，以更加清晰的方
式反映他的个人史。一年后影片在戛纳上映，标
志着与意大利诗人兼编剧托尼诺·圭拉（Tonino
Guerra）和作曲家埃莱妮·卡兰德鲁（Eleni
Karaindrou）之间持续合作关系的开始。

1986 年　《养蜂人》在威尼斯电影节放映。这是他首次与
马斯楚安尼合作，后者此后成为他的私人朋友。

1988 年	《雾中风景》在威尼斯电影节面世，荣获银狮奖。同年，它被欧洲电影学会（European Film Academy）选为最佳欧洲影片，一年后在芝加哥斩获最佳导演金雨果奖和最佳摄影金徽章奖。
1991 年	《鹳鸟踟蹰》，由马斯楚安尼和让娜·莫罗（Jeanne Moreau）领衔主演，在戛纳首映；开启了他称之为存在主义的另一个新作品周期。他对巴尔干国家总体状态与命运的关注，他对政治本身的失望，均被置于最重要的位置。
1995 年	被布鲁塞尔自由大学授予荣誉博士学位。
1995 年	在《尤利西斯的凝视》中，他第一次指导一位美国影星，即哈维·凯特尔（Harvey Keitel）。他在整个巴尔干地区为这部影片取景，将过去和当下这片土地上肆虐的惨剧及其之间不可割断的联系融入其中。戛纳电影节评委会授予他评审团大奖。
1998 年	《永恒和一日》在戛纳电影节上获金棕榈大奖，巩固了他作为一位艺术电影偶像和电影界重要人物的地位。经历了与塞萨洛尼基电影节之间长期而痛苦的关系——首先盛赞他，接着又痛批他排挤其他人，他又回到这里。他成为电影节主席，故而可能是这个国家最有影响力的电影人。
1999 年	位于楠泰尔市（Nanterre）的巴黎第十大学授予他

荣誉博士学位。

2000 年　　筹备新电影，暂定名为《希望之翼》（ *The Third Wing* ）[1]，是一部包括整个 20 世纪的编年史电影，在三大洲拍摄。

---

[1]　最后的正式片名为《时光之尘》（ *The Dust of Time* ）。

朽坏之地的一首挽歌:《重建》

弗洛里安·霍普夫(Florian Hopf)/1971

问:我们先从您拍这部影片的缘起和意图开始吧!

答:这个案件,因为它是一个真实案件,所以一直困扰着我。我此前在希腊报纸上就注意到好几篇这类女人谋杀丈夫的报道。在伊庇鲁斯(Epirus),我们国家最穷最落后的地区,这种现象似乎更为常见。我决定去最近发生杀人案的一个村子,以记者的视角去调查这个案件。我跟村民们聊,跟同犯的家人们聊,跟孩子们聊,跟被告律师聊。这位律师向我们公开了审判记录,这成为我剧本的基础。我的剧本以这起杀人案为由头来描绘伊庇鲁斯一个小村庄的生活。我本人并没有亲身卷入此案,甚至连证人都不是——我只是一个来自大城市的寻找信息的旅人,我觉得如果把这个案件全部转化为一个虚构的叙述是不诚实的。这有点儿像维斯孔蒂(Luchino Visconti)的《沉沦》(Ossessione),它讲的也是一个类似的故事。《重建》从两个不同的层面努力去探讨这个案件。第一个层面，基于我自己收集的证词及审判细节，尽可能准确地呈现这个事件；第二个层面是警察在犯罪方的参与下重建犯罪现场。因此，这部影片充任的是政府部门整理的官方版本与我以质疑方式呈现的版本之间的对抗。故事情节以一种完全不同于逻辑叙事的方式在这两个层面间持续展开。给您举个例子，影片是以一个本应该放在开头的场景结束的：那场谋杀。但谋杀到底是如何发生的仍旧是个谜，因为摄影机在屋外，从未亲眼看见杀人行为，只是听到了声音。

问：好像您并不是特别关注这个案件的法律面向。

答：当然不关注了。于我而言，真正的议题是注视这个衰败的地区，它的命运预示着整个国家的命运。

问：这意味着您尝试去探索这个地区的历史背景、它的社会结构……？

答：当然不是。首先，这个地区没有社会或经济结构可言。显而易见的事实是，那里唯一可用的钱是那些移居德国的人邮回家的。这部影片对我而言，是为一块逐渐朽坏并被居民遗弃的土地所作的一首挽歌。这一切始于1962年，当时西德的经济援助政策允许希腊人去那里工作生活。那时这个议题在希腊的左翼和右翼报纸上都有热烈讨论。一些人认为移民无异于灾难；其他人觉得这有相当大的积极作用，因为如果很多工人离开希腊，那么有组织的工人阶级所带来的威胁就没有了，对执政当局的抵抗也不复存在。那段时期，军政府的上校们乐于看到所有反对者都离开这个国家。比如，我所有的朋友都寓居国外……除非他们已身陷囹圄。正是为了他们，我拍摄了《重建》，为了所有那些已经离开的和即将离开的。还有另外一个原因，伊庇鲁斯有着丰富而悠久的历史和文化，其起源可追溯至古希腊时期。无可奈何地看着这么多人离开这片土地让人痛心入骨、寝食难安，因为一旦他们离开，整个文化将不复存在。

问：移民潮之前他们如何在那里生存？

答：当然十分不易，但不管怎样，他们还能生存。无论如何，希腊是一个向外移民的国家。世纪之交，有一半外迁的希腊人去了美国。现在有 150 万希腊人在美国。在德国的希腊人已达到 30 万。他们遍布世界各地，他们不但没有在家乡为希腊经济贡献力量，反而为他国工作。现在美国人正在进入希腊，声称他们想要发展这个国家的工业，但他们这么做当然只是因为有利可图。希腊，对很多人而言，现在只是美利坚合众国的第 51 个州。5 个月前，两个美国人强奸了一名十六岁的希腊女孩。但他们找到一个完美的借口——他们从没来过希腊，也根本没有离开美国，然后被判无罪了。

问：您在暗示希腊是一个第三世界国家？

答：本来就是如此。第三世界不仅限于非洲和拉丁美洲。如果您问我，那第三世界也包括希腊和土耳其。我们不属于西方，我们也并非东欧的一部分——我们生活在现代文明的十字路口。但是，我们碰巧占据了中东 [1] 的一个战略要地，因此对美国政治举足轻重。如果不是这样的话，他们对我们的态度会有天壤之别。

问：《重建》是如何制作完成的？

答：跟其他在希腊独立制作的影片一样。一开始，制片人并不是真正的专业制片人，而是一个电影技术员；虽然在为商业片工作，却是一个有社会意识的人。他曾为行业工会工作过一段时间，然后就不干了。他想做点别的事。开始拍摄《重建》时，我们只有一小笔投资，由制片人的堂兄弟和另外一位朋友提供。总之，当我们开始拍摄时，预算大约是2500德国马克，但在拍完前，这个数字上升到46000德国马克。

问：您此前有导演经历吗？

答：我曾拍过一部颇受影评人称赞的短片，有关广播、电视（尽管目前在希腊还没有）和宣传造成的异化。不过还是让我们回到《重建》吧。我们一开始是五个人：制片人，

[1]　原文如此，与一般意义上中东所指的范围有所不同。

摄影师,一名摄影师助理,一名同时充当剧本编辑的制片主任,还有我自己。当时只有两名演员,也都不是专业的。其中一个是酒吧招待,另一个无业。此人曾因政治原因被捕入狱,两年后获释,找不到任何工作。我们是首次为他提供有偿工作的人。片中所有其他演员都是我们在现场找到的农民,甚至扮演女主的演员也是业余人士,现实生活中她是个女裁缝。我选中她是因为她适合这个角色,并不是外表上,而是心理上。她很厉害,但她既不会读也不会写。

问:您是写下对白让演员背下来,还是靠即兴发挥?

答:所有都是之前写好的,绝大多数是在开拍前就写好了,然后再插到剧本中。片中没有一处对白是即兴发挥的。

问:您如何靠这么少的预算来维持拍摄?

答:这个啊,是这样的。我们有 9000 米的胶片,我们的音响师说不用助手也能应付。他准备好设备后,就会拿起麦克风,相信录音设备没人管也能正常工作。我们拍摄了二十五天,没顾及天气。实际上,绝大多数时间都在下雨,因此我们没太多选择。我们受邀待在农民家里,会设法匆忙吃几口饭。灯光是没有的,只有一个手持光源,一个 500 千瓦的变压器,两块电池,一台临时租来的便携式发电机。我们还有一辆小卡车用来搬运设备,有时我们也在里面睡觉。

问：当今希腊电影形势如何？

答：我的这部电影是在希腊制作的所有电影中预算最低的，但并非独一无二。曾有一段时间，合作机构以极低的预算来制作电影。绝大多数情况下，对于这类电影，参与人员不得不自掏腰包。没有国家补贴，也没有制片人会对一部这样的影片感兴趣。而且，这也是一件风险极高的事。任何人在把钱投入一部电影却没有收回投资后——很多时候是这样——都不会再投资另一部电影。三四家大公司控制着希腊电影的制作和发行，他们对这类影片不感兴趣。

问：这些公司每年生产多少部影片？

答：不同的公司不一样，每家公司每年生产的影片数量从 15 部到最多 30 部不等。这些都是相当昂贵的制作，所有影片都由希腊当红明星主演。

问：希腊有多少家影院？

答：相当多，因为我们还没有电视。仅雅典就有大约 200 家影院，全国接近 2000 家。

问：《重建》在希腊的反响如何？

答：媒体放映相当成功，每个人都相信这部影片会票房大卖。但问题是我找不到一家影院放映，电影院老板铁了心要抵制这部影片。

问：这些影院老板是什么人？

答：形形色色的人，为了他们与发行商的共同利益而勾结起来。他们把影院银幕留给那些全年为他们提供影片的人，赚得盆满钵盈。

问：您的意思是连锁影院被较大的制片商控制，只上映这些制片商拍摄的电影？

答：为了找到发行商，像我这样的人就得把电影交给他们。但是由于发行商认识到这样一部电影会与他们自己制作的电影产生竞争，所以更倾向于将它束之高阁。

问：希腊总共拍了多少部影片？

答：总的来讲，每年会生产近 120 部影片。但很多从未在雅典上映，这些影片没有一个像样的首映便进入公映了。必须记住，希腊仍有很多目不识丁的文盲，这些人看不懂字幕。而且，希腊是全家人一起看电影，这意味着任何仅限于成年人的电影注定失败。因此，唯一的选择是制作家庭片，成人可以跟孩子一起去看。

问：《重建》最终有多少人观看？

答：到目前为止大约有 65 万人观看。正常情况下，当红明星主演的电影会达到 150 万的入场人数。

问：无论如何，这部影片的票房成绩十分亮眼。您认为可以做得更好吗？

答：让我们思考一个简单的事实。我正在一家影院展映我的影片，并不是位于市中心的影院，而同时其他人正在15块银幕上放映他们的影片。即使它是一部失败的电影，但仍有几百个住在影院周边的人会来观看。看起来人数不是很多，但不管怎么说，这也有价值。

问：您的意思是说，没有发行商会接受这样的事实，即他们之外的其他人制作的影片也能带来利润？

答：我曾经为希腊最大的发行商放映《重建》。才放了十分钟，他就站起来说："我没兴趣。"他甚至没有等到放映结束就离开了。但极有可能我会为我的下一部影片找到一个大发行商，不过有个条件：他相信影片有可能在国外销售。

问：希腊的审查情况如何？

答：我们不确定电影制作完成后是否会被审查者禁掉。其实，我们担心他们会禁了它。因此，我就先放映给影评人看。

问：是在审查者观看之前？

答：一点儿不错。第二天，那些影评人都写评论说看了一部杰作。因为这种热烈的气氛，审查者不得不让影片通过。

他们不想冒万一禁了这部影片而犯众怒的风险。

问: 他们删剪过这部影片吗?

答: 没有,内政部本想删剪这部片子,但我们跟他们进行了激烈的争吵。

"An Elegy for a Land Rotting Away: *Reconstruction*", from the catalogue of the *Internationales Forum des Jungen Films, Berlin*, 1971.© 1971 by Internationales Forum des Jungen Films. Translated by Dan Fainaru.

揭开权力模式的面纱:
《1936 年的岁月》

乌尔里希·格雷戈尔（Ulrich Gregor）/1973

问：您这部影片的历史背景是什么？

答：这部影片多多少少是以真实事件为基础的。一名囚犯用枪劫持了进入牢房探访他的一位右翼国会议员。后来证实两人认识了很久，但他们之间的关系性质不甚明晰。这名议员与囚犯之间是否有某种协议？无人知晓。这名囚犯给他的朋友写道："我要杀了他，然后自杀。没有文件证明他们曾逮捕过我。"但由于人质是个相当知名的人物，此案引发了错综复杂的反应。政界特别是右翼坐立不安，因为人质是他们中的一员。这直接关系到政府。我要提一下，那时梅塔克萨斯将军正统治着这个国家。他通过来自右翼和中间派的支持而取得权力，他们纷纷加入他的阵营。两者中的任何一方都无法仅凭自身力量统治这个国家，因为他们拥有同等数量的选票，梅塔克萨斯本人的党羽在议会中仅有 7 席，而共产党有 15 席。因为两个主要派别想要共产党出局，所以他们同意让梅塔克萨斯接管大权。这个梅塔克萨斯是墨索里尼的超级崇拜者，而且与戈培尔（Paul Joseph Goebbels）[1]有许多可疑交易，后者曾专程来希腊拜访他。

问：工会领袖谋杀案与这起事件有关吗？

答：没关系。是我将它引入这个故事的。也就是说，我把许多事件汇整在一起。监狱事件是一件真事，工会领袖被杀案也是真实事件，但发生的时间要晚一些。我将这些事件汇整在一起，以便更好地呈现那个时期的政治环境。但电影的故事情节集中在几天的时间里。

问：短暂却极其重要的几天，代表了整个时期。

答：的确如此。显然，我呈现的是希腊历史上工人党派的行动开始发挥作用的那个时期。罢工和示威每天都在发生。简言之，鉴于我们当下的政治形势，现在很难描述那种环境。回到梅塔克萨斯，尽管他是一个追随之前独裁者脚步的真正的法西斯主义者，但两个党派还是让他独掌了大权。他丝毫不掩饰其立场，毫无顾忌地宣称，在他的领导下，希腊永远

---

[1] 德国政治家、演说家，纳粹德国的国民教育与宣传部部长，是希特勒的忠实拥护者。

不会面临另一场独裁的危险。国王（与梅塔克萨斯和英国联手）希望不惜一切代价维持稳定，即使这意味着向独裁者敞开大门。

问：确实，您在影片中安排了一个英国人。

答：是的，而且他谈到独裁者和干涉主义。他声称："就我而言，我反对任何暴力干涉。"理论上讲，可能吧。因为他又补充说："但我不得不同意，在很多欠发达国家的特定情势下……"他没讲完这句话。但从他讲话的语气可以清楚知道他赞成干涉。

问：您认为希腊观众能认出片中的人物吗？比如说，他们认得出梅塔克萨斯吗？

答：毫无疑问，他们认出了梅塔克萨斯，他们也认出了那名国会议员。我影片中的人物十分接近真人。那名议员是个同性恋，但不太明显，我也是这样刻画他的。他很优雅，有特定的肢体语言……简言之，他很容易识别，现在还很活跃，难怪他本人对影片火冒三丈。

问：考虑到这些因素，观众很可能会得出一些最新的结论？

答：诚然，我们当前的政治态势与之前并无不同，那时国王意识到两个主要党派无法自行达成协议，于是横加干涉，支持梅塔克萨斯。这种政治形势会导致国家被某个 X 先生接管，就像梅塔克萨斯那样。

问：您是如何成功制作完成这部影片的？

答：我的一个朋友曾在希腊电影学院教学。他的一个学生的丈夫是个富翁，很欣赏《重建》。这位富翁说想要资助我的一部影片，我接受了，就是这样。我们有着相同的政治观点，后来成了朋友。他的政治意识随着我们的影片制作发生了巨变。后来他告诉我："我不在乎投资你的电影是否会亏钱。这段经历是值得的，通过这部影片，我学到了很多以前不知道的东西。"他不是那种会说"你的电影赚不到一分钱"的制片人。我启用了《重建》中的原班人马，人员略有增加，因为钱多了些。一些演员是专业人士，其余的都是业余演员。

问：希腊的审查者读剧本还是只看成片？

答：审查员应该检查过剧本，但我们成功地蒙混过关了。事实上，最初的剧本跟最终成片差别很大。剧本中并没有英国人那场戏，工会领袖被杀的那场也没出现在剧本里。实际上，剧本根本没提及工会领袖，只是提到几个被害者。

问：影片拍完后遭遇审查问题了吗？

答：遇到了一些，但我不太愿意去详谈。这样做不太明智，因为我还想在希腊继续拍电影。重要的是《1936年的岁月》发行了。

问：我想影片首映一定是在塞萨洛尼基电影节上。

答：确实是的，影片受到了观众和左翼政党的热情欢迎。真正生气的是中间派。他们觉得我对那时议会的描述影射了现在的军政府，令他们难堪。

问：这些人是谁？

答：既不是自由派也非中左派。这些人在军政府上台后失去了所有特权，其中也包括一些右翼人士。议会政体带来了一定的社会变化：拥有巨额财富的人已经看到他们的利益被剥夺，自己的位置被他人占据；政府官员拿到了以前双倍的薪酬；警察也是如此，他们以前的状况似乎毫无希望。因为有很多人被迫退休，所以其他人有大把机会去攫取政府职位。

问：我们在讨论官僚阶层吗？

答：没错。

问：我认为德国电视台播放《重建》对您帮助极大。

答：是的。我在法国获奖同样助我一臂之力。影片在英国广播公司（BBC）播映也是如此。希腊是个小国，对他们而言，我现在是一个重要人物。你不能专横地把一个拥有国际声誉的名人投入监狱。

问：这意味着艺术和文化活动在希腊有发展机会?

答：无论如何，我们正努力做这方面的工作……比如《同步影画》(*Synchronos Kinematographos*)，这本杂志我没有亲自参与。人们很容易将它界定为一本准马克思主义的出版物，至少在我看来这样的倾向很明显。

问：您的影片风格十分简省。总是有些东西观众无法在银幕上看到，得靠他们自己去补充。

答：诚如德莱叶所说，这是一种超越自然主义的方式。省略是创作过程中的一种绝妙选择，能让观众成为电影制作者的搭档。它也呈现了一种"布莱希特式的间离"，不仅取决于摄影机的位置，而且取决于影片结构。每部影片都由大量单独的块（blocks）组成，用布莱希特的定义来说，它们是自主的（autonomous），但彼此唇齿相依。显然，为了更好地强调每个镜头段落的写实主义，关键是要遵循一种近乎自然主义的路线。举例来说，通过摆出某个特定的动作，将要被谋杀的那个角色就突破了那一刻表面的自然主义，而变为写实主义。

问：这种表面的自然主义在您对每个人物的精心刻画中

一目了然。

答：会带一点有意的讽刺。我尝试用讽刺手法来描绘统治这个国家的这群恶棍。同时，我也得牢记在弗朗切斯科·罗西（Francesco Rosi）和科斯塔-加夫拉斯（Costa-Gavras）的电影之后出现的政治电影规则。《1936 年的岁月》与《焦点新闻》（Z）相反。在加夫拉斯的影片中，英雄与恶棍泾渭分明，局势也是如此。每件事都是可以预见的，这符合中产阶级的意识形态。我的影片努力做到更加杂合，没有开头或结尾。我尝试引入一种"反悬念"（anti-suspense）程式，有点类似大岛渚在电影《绞死刑》中创造的那种模式，这部影片最近在希腊发行了。

问：您刚刚提到德莱叶，甚至引用了他的话。他的影片对您的作品有什么影响吗？

答：没有影响。我只知道他的影片《圣女贞德蒙难记》（La Passion de Jeanne d'Arc）。《复仇之日》（Vredens Dag）正在希腊上映，但我还没看。我读过希腊报刊上刊载的他的一些话，我参考的是这些。如果您在寻找跟我的影片有密切关系的人，您更应该看向戈达尔（Jean-Luc Godard）。他对我有一定的影响……也对我这一代的其他电影制作人产生了影响。早期我还受到安东尼奥尼的一些影响，然后是戈达尔。

问：我听说希腊出现了新一代的影迷，他们对现代电影感兴趣。

答：的确是这样的。现在我们可以看到所有重要的新电影，像大岛渚的《仪式》或是斯特劳布（Jean-Marie Straub）的《奥托恩》（*Othon*）。他们喜不喜欢这些影片无关紧要，重要的是他们讨论这些影片。再过几天，我们这里会有场罢工，是由影院和电视之间的竞争引发的。影院空无一人，罢工就是要抗议对影院收取过高的税费。此类示威游行在西欧司空见惯，但在希腊只是刚刚开始。

问：我想再回到您的这部影片。片中通过发传单的那些孩子要表达的意义是什么？

答：这是对当时政治环境的再次反映。因为那时禁止发传单，所以只能以这种方式散发。在这部影片的语境中，这意味着，一方面有法律，而另一方面，年轻人甘愿冒险去挑战法律。这是强调政权某些面向的另一种方式。

问：在最后的那场戏中，三名政府官员被枪杀了。

答：独裁统治之前，处决是通过绞刑执行的。但实际上，他们会用任何一种老方法杀人。公众直到二战中梅塔克萨斯死去后才发现这个事实。

问：影片使用（古希腊诗人）品达（Pindar）的文本是怎么回事？

答：墨索里尼曾窃取古罗马经典文学用于法西斯宣传；在希腊，法西斯主义者也如法炮制，盗用古希腊经典文学。在梅塔克萨斯掌权期间，他们曾提出三大文明：古希腊文明、拜占庭时期的文明和梅塔克萨斯文明。他们引用无人理解的古代文本来证明他们立场的正当性——这都是些无意义的胡说八道，仅此而已。

问：这部影片常常让人觉得模棱两可。比如说，是谁谋杀了工会领袖？

答：没人知道。我们只知道嫌犯是向游行群众开枪的那些人中的一个。关键不是去表现谁扣动了扳机，而是要表明此人跟其他很多应该承担相同责任的人共同扣响了扳机。

问：用现在的话说，您的影片并没有提供对政治事实的具体分析。有很多内容您省去了，要由观众来完成，这增加了影片的模糊性。

答：确实如此，因为正如我之前所讲的，我要寻找的是特定的氛围：一种恐怖统治。人们通过控告一个无辜者来表明自己的无辜。无人能达成自己的目的。随着权力得出冷酷的结论——杀戮，权力模式的面纱也被揭开。在我看来，国家消灭一个人而不给他利用法院自证清白的机会，这让人震惊。只要能恐吓人民，所有方式都可以接受，比如下毒。

问：这跟美国黑帮电影有一定的相似之处，片中的一些人物似乎就脱胎于这一类电影。

答：是的。影片中的凶手穿得就像20世纪30年代的黑帮成员一样。那人是个警察，同时是个歹徒，并因很像那位电影明星[1]而在黑社会中被称为"瓦伦蒂诺"，这种暗示因此也就更明显了。片中，无论谁试图发声都会被立即清除，只有外交官可以自由表达。那位国会议员的母亲也可以自由讲话，但她属于有钱有权的人，没人会碰她。

问：这属于阶级斗争？

答：我更倾向于避免这种陈词滥调。影片讲述的是在某个具体历史节点上的一个特定阶级。前几代人是自由战士，至于他们的子孙嘛……希腊有很多这样的家庭。二战后，他们与金钱联姻，这给他们带来显赫声名。让我们面对现实吧，希腊的命运被不足200个家庭决定。比如说，奥纳西斯（Aristotle Onassis）[2]想在雅典中心建个庙来纪念他儿子，就好像雅典城属于他似的……

问：《1936年的岁月》最终进行商业发行了吗？

答：发行了。雅典大约有5万人入场观看，整个国家我

[1]　应指意大利演员鲁道夫·瓦伦蒂诺（Rudolph Valentino，1895—1926）。

[2]　已故希腊船王，曾经的世界首富。他的儿子亚历山大于1973年因一场空难去世。

想总共能达到 10 万。对于希腊而言，数量并不多。

问：您得到过国家补贴吗？

答：一分钱也没得到过。但他们并没有忘记收税，在希腊，税额是电影票价格的 50%。

"Unveiling the Patterns of Power: *The Days of '36*", from the catalogue of the *Internationales Forum des Jungen Films, Berlin,* 1973.© 1973 by the Internationales Forum des Jungen Films. Translated by Dan Fainaru.

穿越希腊山水与历史之旅：
《流浪艺人》

米海尔·泽莫普洛斯（Michel Demopoulos）

弗里达·利亚帕斯（Frida Liappas）/1974

问：您是什么时候决定拍摄《流浪艺人》的？当时的政治氛围怎么样？

答：我们开始拍摄这部影片是在所谓的马克齐尼斯（Spiridon Markezinis）自由化时期[1]，那是在理工学院事件[2]前夕。无论如何，由于影片展现的是1939年至1952年期间的希腊，提到了所有不堪提及的历史事件，所以帕帕佐普洛斯（Georgios Papadopoulos）[3]政府的审查员不太可能批准这

---

[1] 马克齐尼斯曾于1973年短暂担任希腊总理，在军政府统治下，领导希腊向议会政治过渡，文中所指即这一时期。

[2] 1973年的大规模学生示威活动，旨在反抗希腊军政府的统治。

[3] 希腊军政府的领导者，1967年至1973年掌握独裁权力。

部影片。但是，我还是决定继续拍摄。我们开拍后不久，理工学院事件排山倒海般爆发，接着是约安尼季斯（Dimitrios Ioannidis）暴动[1]。那时，我们犹疑拍一部极有可能永远无法在希腊上映的影片是否值得。这样的决策意义何在？我们跟制片人讨论这件事，他同意我们的想法：即使这部影片可能在希腊被禁，也可以通过国外放映产生的反响来达成其目的。1974年1月和2月，在恐怖达到顶峰之时，我们决定继续拍摄。我们已经做好准备不顾任何审查威胁去拍摄我们的影片。

问：最初的想法是什么？

答：我最初想的是让一个巡回演出剧团游历希腊全国各地的小城镇。随着一群演员从一个城镇广场到下一个广场进行表演，开启一段穿越希腊山水和历史的旅程。后来，更多的元素加进来，比如用阿特里德斯神话来代表演员间的关系。我用了一个既有结构——父亲，儿子，母亲，情人，他们的孩子……权力……谋杀——既像个神话，也作为故事情节的基础。这是一个摆脱束缚的决策，因为我从最开始就下定决心不让这部影片成为一堂历史课。阿特里德斯神话为我观察一个社会群体从1939年到1952年整个时期的状况提供了一个选项。《1936年的岁月》展现了一幅独裁统治的画像。《流

---

[1] 约安尼季斯是希腊军政府的重要成员和其中的强硬派。1973年11月，帕帕佐普洛斯在一场政变中被捕，而后约安尼季斯成为实际掌权者，直至1974年8月军政府被推翻。

浪艺人》某种程度上是续作,为这幅画像命名并进行详细说明。影片只讲述到 1952 年,因为我相信是年的杀戮为内战画上了句号,献上了右翼和帕帕戈斯(Alexandros Papagos)[1]的胜利。也就是说,这个故事涵盖了从一个将军的公然独裁到一名陆军元帅的隐蔽独裁的整个阶段[2]。而在被灾难折磨得心力交瘁的很多希腊人眼中,这位元帅是一个解放者。为了达成我的目标,有很多困难需要克服。首先,要把所有这些要素整合到一个结构中,还要避免出现在饥饿、死亡、迫害等情形中极常看到的那种传统老套的场景。出于这个原因,电影从 1952 年帕帕戈斯的竞选开始。我想去描绘抵抗运动的那一代人,那些反对梅塔克萨斯独裁的人,那些在二战中战斗的人,那些参加了民族解放阵线[3]而后撤至山莽之中的人。所有因为这些事件而被迫表明立场的人,从左翼的观点来看最终自然可算作"抵抗的一代"。影片中三个人代表了这一代人:1939 年的老战士和被怀疑同情这位老者且赞同其观点的两个年轻人。三人全部加入了抵抗组织并被捕。其中一人遭到流放并在 1950 年签署了一份反对共产主义的声明后获释;另外一人因拒绝放弃武装斗争而在 1951 年被处决;第三个人

---

[1] 希腊军官,在二战和之后的内战中领导希腊军队,后投入政界。1952 年在大选中获胜,成为希腊总理。1955 年因病去世。

[2] "将军"指前文提到的梅塔克萨斯,他于 1936 年至 1941 年掌握独裁权力。"陆军元帅"指帕帕戈斯。

[3] 二战期间,希腊遭占领时的抵抗组织,主要领导力量为希腊共产党。

在狱中生病后，因"健康原因"被释放，他的余生与"革命创伤"相伴。时间对他而言停在 1944 年，他常常将当年的事件投射到未来。整部影片都带有这种创伤的印记。所有人物都深受其害。有些人签署了声明，其他人或死于狱中，或迷失了方向。

问：您称用阿特里德斯神话来避免传统任意的人为加工。难道您不担心这个神话，这样一个深植于我们文明之文化传统中的神话，会给影片强加一种无情的宿命，从而产生反效果？您显然希望将这个神话当作历史模型，但它可能会导致错误结论。一些人可能会将影片视为对这个神话的另一种阐释。

答：首先，影片中神话的存在感并不明显。我们没有用那些名字，影片中没有阿伽门农，没有厄勒克特拉，没有皮拉德斯，甚至连尼科斯或是帕夫洛斯都没有。影片中唯一出现的神话人物名字是俄瑞斯忒斯，他对我而言是一种概念而不是一个人物：很多人梦想的革命概念。很多人物对他的深情代表了他们对理想革命观的渴望。俄瑞斯忒斯是唯一仍忠诚于自己和自我目标并愿意为之献身的人。

问：把您的主要角色与神话中的英雄（厄勒克特拉、俄瑞斯忒斯、埃癸斯托斯、阿伽门农、克吕泰涅斯特拉）等同起来，然后再将他们置于完全不同的历史语境中，难道没有任何风险吗？

答：他们的动机不同，环境亦大相径庭。历史影响他们，改变他们，转化他们。我所做的就是描绘他们，这帮助我更准确地界定他们得以活动于其中的历史空间。影片中，埃癸斯托斯是"八月四日派"[1]的斗士，他发现自己卷入与德国的虚假合作之中。权力的概念通过阿伽门农死后埃癸斯托斯对其他参与者的态度得以揭示。尝试去分析他的个人动机，会使影片成为一部探究埃癸斯托斯变成现在这样的根本原因的心理剧。我对这种做法毫无兴趣。我努力要达成的是一种布莱希特式的叙事，其中心理阐释全无必要。

问：您是怎样把剧本整合在一起的？您如何利用其中的神话？

答：首先，我尝试将 1952 年的事件作为起点。从这一点出发，我开始回顾，但并非正统的闪回传统，因为这不是某个具体角色的个人回忆，而是集体记忆，这赋予我一种自由，将过去特定的历史片段植入 1952 年的一系列事件中。第一个场景发生于 1952 年，最后一个场景发生于 1939 年。正如您看到的，我在逆向编排。在最后一个场景中我们看到这部影片中的所有角色。其中有些人，我们知道，已经在行动中被

---

[1] 指梅塔克萨斯"八月四日政权"的支持者。1936 年，梅塔克萨斯宣布暂停议会，进入紧急状态，颁布戒严令。人们用他获得绝对权力的日期指代他的独裁政权。

杀害；其他人则身陷囹圄。那些幸存者现已老朽，他们已萎靡不振，好不容易才被释放出狱。他们走向彼此，在摄影机前停下脚步，这时我们听到开场的文本："1939 年夏天，我们到达爱吉昂（Aigion）。我们精疲力竭，两夜未眠。"唯一的不同之处是年份——不是影片开头的 1952 年，而是当时的 1939 年。这时人物仍旧对未来满怀憧憬，但我们知道他们将会发生什么。这就像看一张旧时的家庭照，我们非常清楚照片中的每个人将会发生什么。

问：您如何选择想要在银幕上呈现的历史事件？

答：一些日期和事件的选择一目了然。1939 年，我们进入的第一个"历史事实"是二战开始。这个"事实"影响到每个人，因而在一个喜闻乐见的庆典活动中被引入，表演者和其他很多人同时在场。德国人的胜利用一小队希腊守军的投降来表现。解放则是通过一场民众起义来呈现的。后来，在 1944 年 12 月，我们有了反对持有武器的措施，然后是内战及 1952 年选举。此外，当做选择时，我更倾向于那些我认为最能代表希腊特色的事件。对于 1944 年的事件，我关注的是街头巷尾的人们及他们的反应，而非政府决策本身。民众认为 1944 年 12 月是他们的革命[1]，一场尚未达成应有结果就

---

[1]　二战结束前夕，希腊国内左右翼之间的关系十分紧张。一方以在抵抗运动中崛起的民族解放阵线和人民解放军为代表，另一方以希腊政府军、警察部队和英国军队为代表。双方于 1944 年 12 月在雅典爆发了一系列冲突。

被腰斩的革命。为什么？我的影片并没有直接为这个问题提供答案，但其中有大量证据可供人们去找到答案。比如，为什么希腊人民解放军（ELAS）没能到达雅典？还有我们知道的更多事件都是这一时期历史背景的一部分。一切皆通过普通人的视角得以呈现，他们也是不得不承受这些事件后果的那一批人。这部影片是一部大众史诗，而不仅仅是对不久之前希腊史的解析。

问：与您最初的两部影片不同，情欲元素在《流浪艺人》中十分重要。它们对于片中的政治元素而言有何意义？

答：性元素被整合到角色中。克吕泰涅斯特拉与埃癸斯托斯的婚外情以及厄勒克特拉的反应均基于他们各自的个性。然而有时候这些关系不再仅仅是个人关系。埃癸斯托斯不只是那位母亲的情人，他还是一个叛徒。他被杀不仅是因为他与克吕泰涅斯特拉的奸情，或是因为他成功摆脱了阿伽门农，而是因为他把阿伽门农和他儿子出卖给了德国人。厄勒克特拉被强奸同样是政治行为。我相信每个暴力行为的起源都包含某些性冲动。因为厄勒克特拉是在审讯过程中被强奸的，这种行为必然成为政治行为。影片也引入了卖淫的问题。克律索忒弥斯是一个妓女，后来嫁给了一名美国士兵。这种婚姻或许能解决某个问题，但同时代表着道德观的破产。性元素因而被转移至一个政治意识形态层面。

问：影片中，艺人们在全希腊演出的舞台剧《牧羊女戈尔芙》(*Golfo the Shepherdess*)对您来说有何意义？

答：这部剧在几个层面上发挥着作用。首先，它是这些艺人们谋生的手段，但它也是艺术，因为他们在舞台上表演这部剧。然后是他们使用的文本及阿特里德斯神话。文本总是在某个地方被打断，在电影银幕上从未完成。最后，通过加入历史背景，剧本身获得另外一个维度。让我们以剧中的一句台词为例："有人正在看着我们吗？"这句话与流行剧不再有任何关系，它指的是表演者自己的命运，也是电影中角色的命运。

问：《牧羊女戈尔芙》似乎是这些艺人唯一表演过的戏剧，而且您不得不承认，它在主题和戏剧性上都是一部十分传统的剧目。从政治上讲，它非但未阐明社会阶级间真实的敌对状况，反而使之神秘化了。难道您不觉得在演员们自己独特鲜明的政治立场与他们持续上演的这部戏的保守意识形态之间存在矛盾吗？

答：《牧羊女戈尔芙》这部剧只是一个传统剧目，一个希腊版的罗密欧与朱丽叶式的爱情故事。演员们并没有真正意识到他们个人政见与剧目意识形态之间的冲突。他们想的只是通过向观众提供其想要的娱乐来谋生罢了。

问：这部剧与电影的关系是怎样的？电影中的演员扮演

了在戏剧中承担角色的演员,从这个意义上讲,舞台表演引发了现实主义的问题,那么这一切中什么是真实的?

答:关于这个问题,我想了很多。演员扮演演员。表情、服装、布景,这些都是极其重要的元素。这里以服装的变化为例,当那个英国人把一名演员的贝雷帽戴在自己头上,然后给演员另一顶帽子作为交换,那么他就成了剧中的一个演员。当那个英国人在临时布景中表演或是唱"蒂珀雷里"[1]时,那些演员就成了观众。当戈尔芙应该倒地并死去时,一名英国士兵也倒在地上,被枪杀,就好像在这个特定的时刻,他正在演戈尔芙。某些行为和事件在整部影片中一直重复,并被赋予不止一种意义,而这部戏剧的表演从未完成,因为总是被同时发生的政治事件打断。

问:您的这部影片是否遵循之前建立的一种明确的美学观念?

答:尽管有传言说我有一种明确的美学观念并会克服一切困难来坚持它,但我想强调这样的事实:我的即兴创作也很多。影片中有相当多包含很多动作的动态场景,也有静态场景,比如那三段独白。因为我想要拥有一种独特的美学取径,所以努力在每个可能的场合中通过摄影机的运动来补

---

[1] 指一战期间在英军中广泛传唱的爱尔兰歌谣《蒂珀雷里在远方》(*It's a Long Way to Tipperary*)。

偿——只有剧场演出和三段独白除外，在这些场景中，摄影机是静止的，面向演员们拍摄。支配整部影片的基本原则是单镜段落，不管摄影机是在运动还是静止的（大部分时间是运动的）。这样一来，能够增加场景深度，也能捕获更多细节，剪辑则在摄影机中完成。能在一个场景中拍完的，我们绝不把它拍成两个场景。

问：相较于传统剪辑方法，您对单镜段落更感到舒适，也更偏爱。

答：这是我自己的观念，也许是极其个人化的一种观念。就我而言，单镜段落能带来更多自由，但也确实需要观众更多地参与。单镜段落还有另外一个让我喜欢的优势是传统剪辑中没有的：空镜（empty screen），当暗示某种行为时，可以拍其他地方的空镜。

问：我们可以说，单镜段落吸收了蒙太奇的概念却没有使用传统剪辑，它在一个镜头中整合了多种元素，这些元素通过摄影机的运动，激发了观众的想象力。

答：还有同样重要的一点要提及，即通过单镜段落可以同时保留空间统一性和时间统一性。剪辑台上的工作并不会赋予影片一种人为节奏。此外，一旦你改变了画面帧，就好像在告诉你的观众去看看别处。通过拒绝从中间剪切，我邀请观众来更好地分析我呈现给他们的影像，并时不时地让他们聚焦于影片中他们觉得最有意义的那些元素。

问:在这部影片的制作过程中您遇到过什么困难吗?

答:首先,是天气。我被好天气所困扰。我需要的是阴云密布的天空——我无法想象在艳阳高照下工作。但希腊以极好的天气和灿烂的天空而闻名,夏天和冬天差不多。很难想象这是多大的麻烦!当某个场景第一部分在雅典拍摄而第二部分在阿姆菲萨(Amfissa)拍摄时,你需要相似的气象条件,情绪和氛围也要尽可能地相近。这在一部影片的制作中还不算是最明显的问题。首先,我们超了预算,而最糟糕的是,我们害怕在目前这种再熟悉不过的局势下拍摄这类影片。

"A Journey through Greek Landscape and History: *The Travelling Players*", from *Synchronos Kinematographos*, no. 1, Sept. 1974.© 1974 by Synchronos Kinematographos. Translated by Dan Fainaru.

于无声处听惊雷:《猎人》

弗朗切斯科·卡塞蒂（Francesco Casetti）/1977

问：您是如何为拍摄这部影片做准备的？

答：首先，我们有一个跟草稿差不多的剧本，某种扩展版的摘要。然后我们开始找合适的地点——我一直都自己选择拍摄地点，即使这意味着要在整个希腊广泛游历。选择《流浪艺人》的拍摄地点相对容易，因为故事本身就是不断地从一个地方到另一个地方。《猎人》这部影片的故事都发生在一个地点，一个旅馆，这使选择拍摄地更为困难。一旦找到拍摄地，我就继续写分镜头脚本，写作过程中一直都会为即兴创作留下余地。不过这部影片并没有太多即兴发挥的空间。一旦到现场开始工作后，我会把每个场景排演整整三天，然后才开始拍摄。我们有一些时长七分钟至十一分钟的单镜段落，因此没有犯错或是即兴发挥的空间。最细小的错误也意味着我们得全部从头再来。这很花时间。排演相当有条理：

先是演员，然后是摄影机，之后是声音……

问：摄影机是事先布置好的还是您在片场拍摄时才确定的？

答：对于摄影机运动，我通常按照分镜头脚本的指示来做。但每当它们与演员的走位存在冲突，我觉得有必要进行改动时，我都会毫不犹豫地做必要的调整。说得再明确一些：在初期排演时，演员们相当自由地选择其移动方式，然后我修正那些我觉得不舒服的地方，同时精简动作。我的意图从最开始便是不惜一切代价避免写实主义效果，以达到某种纯粹的布局。也就是说，突显电影指导（即其人为方面）的存在。我也听说过与之相反的观点，声称电影是写实主义的。就像那些歌曲与情节存在脱节的美国歌舞片一样，通过指导故意创作出有人为痕迹的作品。在这方面，与演员的合作极其重要。在布莱希特式的传统中，要让演员与其扮演的角色保持距离，这并没有使他们的工作更轻松。相反，我们坚持让演员透过所扮演角色的表面而深入人物，但不要表现出来。我们试图达到日本戏剧精神中的极简主义艺术效果，于无声处听惊雷。

问：这是否意味着必须清除表演中所有表露悲伤的蛛丝马迹？

答：是的，就像我在《流浪艺人》的某些片段中做的那样。那三段直接在摄影机前发表的独白就被抽掉了情绪，以达成一种间离效果，否则就会被写实主义的表演所破坏。在《猎人》中，我更进一步：影片是冷的——任何时候观众都无法认同角色，也不想认同。演员不能反映出独特的个性，他们应该像面具。就像古典戏剧一样，在一成不变的面具之下，利用声音来表达情感。我想再补充一点，我一直在尝试达成一种音乐性——赋予剧本某种乐谱的形式。音效从不是偶发的，它们彼此间遵循一定的韵律。人们几乎可以数出那些节拍。举个例子，您知道我的演员念白时真的会默数两句台词之间的节拍吗？起点是写实的，但此后我让韵律来指挥这个进程。影片因而获得了一种音乐结构。

问：这意味着影片并非如您所说的那么"冷"，它有"热"的面向。

答：这完全取决于观众及他们观影时有多强的意愿去做他们那份工作。影片为观众提供了一定数量的信息，但只有通过他们自己的输入来补全其余信息，观众才有希望欣赏影片。观影的愉悦并不仅仅是影片之"美"带来的结果，也是觉得影片所呈现的内容确实"无法容忍"导致的结果。从这个意义上讲，这部影片第一个层面上是"冷"的，而在第二个层面上是十分"热"的。这是一部让人肝肠寸断的伤感电影，一部不可能从轻易萌生的希望中获得任何慰藉的令人不快的电影。这部影片关乎我们生存于其中的当下，探讨了我们周围发生过翻天覆地的政治剧变之后，为何人们却感觉一切依旧，好像什么都未曾发生。我早期的电影也在多个层面上展开，但我认为这一部表现得更为明显。那个女孩与想象中的国王、父王、万神之王做爱的镜头，被拉到如此之长，以至于变得不能忍受，同时变得魅惑。我想要说的是，只有在观众做完了他们自己的那部分工作后，这种魅惑才会从第二个层面进入影片。不要以为自己一眼就能看透这部影片所传递的所有秘密，只有通过你自己与影片对话，才能使影片变得完整。

问：从这个意义上讲，《流浪艺人》可以在第一个和直接的层面上被定义为一部"热"的影片。而且，整部影片紧凑简洁。在《猎人》中，似乎每个瞬间都有自己的"基调"。

答：比如？

问：比如，您从未用过场记板这样的设备，就像在女歌手那一幕场景之前那样，还有把影片引向完全不同方向的情爱场景。

答：的确如此。我用这些来强行进入韵律节奏，同时进入电影主题。您提到的第二个场景是一个很长的单镜段落，呈现的是两个人做爱、一群人围坐桌旁吃饭、美国女人走进来买下所有东西、那名政客脱衣服。通过摄影机的横摇，镜头从一个场景转到另一个场景，我们借此揭示出一个重要形势的不同面向，同时避免让观众辨识出其中任何一个面向，因为他们被一个接一个的惊奇场景所震撼。借此，我们放大了一面的同时略去了另一面。这就是布莱希特所说的"间离"。我还想说一下我匹配镜头的方式——系统使用从传统视觉匹配到声音匹配再到内 / 外部匹配的所有可能。关键是否定它们的自然功能，而把电影指导的人为面向公之于众。这显然是为了观众着想，无法用写实主义来解释，就像《流浪艺人》中的那出戏剧一样……

问：是什么把影片的各个层面统一起来的……

答：这里的匹配要粗暴得多，以防止任何形式的认同。在这方面，《猎人》是比《流浪艺人》更加唯物主义的影片。指导的痕迹更加明显。我还想提醒注意这部影片激进的结构，它应该会把观众从自满中拉出来。

问：另一件事，关于空镜，就像在《流浪艺人》中的使用方式那样，在我看来，这是反思的时刻，等待着角色去完成他的动作。

答：从某种意义上讲，您是对的。但如果我再用乐谱进行对照，那么这些沉寂的瞬间就等同于音乐中的休止符。在最后一个音符之后，有一段寂静时刻，使观者得以捕捉整个镜头的意义。通常情况下，动作结束或是最后的声音响起后，镜头会被切断。空白和沉寂则是没有任何东西去展现或是没有任何声音可听时你的感觉。

问:就像某种现代爵士乐中的停顿。不仅仅是一个暂停时刻,也是一种旨在强调游戏规则的方式。

答:是这样的。

问:最近,我有机会重温《1936年的岁月》,发现其中有类似的方法。

答:我的一些电影是"热"的,其他的则是"冷"的。"热"影片有《重建》和《流浪艺人》,"冷"影片有《1936年的岁月》和《猎人》。

问:关于您叙事方法的最后两个问题。第一个,我很惊讶《猎人》中缺少时序参照。

答:在《流浪艺人》中,影片的时间顺序依靠的是大多数人熟知的重要历史事件。但是,《猎人》是通过希腊国内政治面貌来引入各个时期的,非希腊人很难辨别。但无论如何,我确实没太重视具体日期。我本可以按时间顺序厘清情节,但我没有这样做,因为这既不是历史片也不是关于历史的电影。日期无关紧要。在那家旅馆里实际上什么也没发生,除了转瞬即逝的情感、噩梦、扭曲的刻板姿态。精确的历史参照不那么重要。我的意图是聚焦于旅馆内的人,他们在我眼中代表了某代人和某个社会阶层的总体意识。

问：第二个问题，在《流浪艺人》中，角色间的关系为大家
所熟知——父母、子女、朋友、情人等等。然而这部影片……

答：这部影片几乎没提人物间的关系。角色成对出现，
男人／女人，男人／女人。这并没有使观众更容易理解影片，
因为片中角色间没有清晰的关系。但我认为没任何必要去详
细说明这些关系的本质，因为所有角色都是一个人的不同面
向。我想再次强调，这部影片是一个思想意识的发展历程，
在不同层次去拍摄。

问：不知怎么的，我觉得似乎所有角色都在参与一个阴
谋，但没透露这个阴谋到底是什么。

答：如果没有时间元素的扩展和那些"沉寂的时刻"，
影片可与希区柯克（Alfred Hitchcock）的《怪尸案》（*The
Trouble with Harry*）类比，后者表现的是各色人等都尽力掩埋
尸体。但当时间元素扩展到极致时，它就与普通观影者期望
在影院中看到的一切相反。不过，如果由我来决定，我会同
时上映《怪尸案》和《猎人》。

"Rhythms of Silence to Better Underline the
Scream: *The Hunters*", from *Cinema e Cinema,*
no. 13, Oct.–Dec. 1977.© 1977 by Francesco
Casetti. Translated by Dan Fainaru.

复活逝去的时空：《大佬亚历山大》

托尼·米切尔（Tony Mitchell）/1980

问：您曾把古希腊时期描述为希腊人民被迫承受的重荷。《大佬亚历山大》是描绘一个更通俗的政治神话的尝试吗？

答：希腊人是抚摸着断壁残垣的石头长大的。无论是在《流浪艺人》还是在《大佬亚历山大》中，我一直努力把神话从阳春白雪的高位拉下来，直接呈现给普通人。片名并非"亚历山大大帝"，而是"大佬亚历山大"，他是一个家喻户晓的佚名神话传说中的人物，与历史上的亚历山大大帝——他让人们想到的是一个截然不同的历史人物——毫不相关。出于这个原因，我们一直很难为这个片名找到合适的翻译。大佬亚历山大的传说源于1453年开始的土耳其人统治时期，几个世纪以来一直以口头形式流传。它体现了希腊人最深刻的情感之一，那就是期待一个解放者，甚至可以说是一个弥赛亚——类似于耶稣基督的人物，等同于这部影片里面的圣乔治。

影片基于两个来源。一个是"大佬亚历山大之书"，它是一个传说，为影片提供了整体环境氛围而非故事情节。第二个来源更具体，是发生在 1870 年的一个真实事件，当时一队英国贵族旅行者在马拉松（Marathon）被一群希腊土匪绑架。土匪以这些人为要挟索要赎金，并要求政府用特赦来换取人质。政府搞砸了整个交易，一直没有跟绑匪进行交换。游客因此被杀，引起公愤。英国舰队封锁了港口。

问：这是您第三部有英国人角色出现的影片，虽然是相对不重要的配角。在英国人眼中，《1936 年的岁月》和《流浪艺人》中的那些英国人角色都是讽刺形象。您将他们视为家长式的殖民压迫者吗？一位影评人甚至曾用"排外主义"这个词来形容《大佬亚历山大》……

答：我的确安排了英国人的角色，但与其说他们是英国人的代表，倒不如说是所有外国人的代表——从希腊人的视角或从将英国人视作外部统治力量的普遍认识来看。毕竟，直到 1947 年，希腊一直被扮演着保护者角色的英国控制。在风格上，这些人物是外国殖民者和希腊资本输出者的讽刺画，而且是强有力的讽刺画。但是如果你为某人画讽刺画，那也确实隐含着某种情感：一种认同式的接受。《大佬亚历山大》中的旅行者是无辜的，特别是与维多利亚女王有亲戚关系的兰开斯特勋爵。他是一个无辜者，拜伦式的人物，爱上了希腊;但他在权力责任之外,没有实际的政治影响力。

问:这部影片漫长而艰辛的剪辑过程似乎表明它与《流浪艺人》有着类似的史诗规模。它在时间错置与交叉引用方面是否同样复杂?

答:首先要说的是,这是迄今为止我制作过的最简单的影片。它的过程是线性的,而且剪辑过程中没有像其他影片那样发展出它的风格类型。它没有时间跳跃,影片开始于1900年新年前夜,并从那时开始发展,只有最后少年亚历山大成长为大佬亚历山大并走向城市的镜头是例外。他走向的是一座现代城市——实际上是现在的雅典,与影片其他部分出现的世纪之交的农村世界形成对比。当少年亚历山大进入城市时,他随身带着一个世纪的全部体验。他已经获得了生活、性与死亡的全部体验,他在日落时分进城,落日上方有一个巨大的问号。暗夜将持续多久?新的一天何时到来?

问:这是否意味着它比《流浪艺人》更加现实主义?

答:相反,这部影片更加超现实。影片并没有描述真实事件,却讲述了这些事件的意义与内涵,并集中于政治后果与性后果。这是一部更加"诗意"的影片,而《流浪艺人》要具体得多。

问:伊娃·科塔马尼杜(Eva Kotamanidou)扮演的角

色看起来极其复杂，她是亚历山大的妹妹、女儿和情妇……

答：她的角色是"大佬亚历山大之书"的结构决定的。它以不同名字混合了大量神话，比如俄狄浦斯神话。在影片参照的民间传说中，亚历山大的出身是一个谜；他是一个"幸运儿"，于是在镇上认了一个女人做他母亲，这个女人的女儿就成了他的妹妹。后来，他跟认的母亲结婚，于是养母带来的继妹就成了他的继女。影片中，这段婚姻故事是由一个解说人讲述的。婚礼那天，地主们雇的刺客试图杀害亚历山大，却误杀了他的妻子／母亲。她血染的婚纱仍在床边。这是女儿唯一能辨识母亲的东西，当亚历山大将继女处决时，她就穿着那件带血的婚纱。

问：您决定让奥梅罗·安东努蒂（Omero Antonutti）扮演亚历山大，是为了让电影获得更多的国际关注吗？

答：不是这样的。我在《我父我主》（*Padre Padrone*）中看到他，他的外貌特征给我留下了深刻印象，我觉得他的外形似乎很适合这个角色。毕竟，演员在电影中只是一个工具，电影成败只能取决于自身的品质。

问：您现在已经接管了自己影片的制作。这是因为发行问题和难以找到赞助人吗？比如《猎人》在欧洲国家鲜有发行，这种情况发生在《流浪艺人》大获成功之后让人颇感诧异。

答：我参与制片是因为没有希腊制片人想为我的影片投入足够的经费，我的影片确实需要巨额预算。我不想承担《大佬亚历山大》的制作工作，但必须去做。我不明白为什么《猎人》的发行量如此有限。据推测，一种可能的原因是一些影评人视之为斯大林主义的影片，这当然不是事实，这是一种十分主观且肤浅的解读。

问：您曾在最近的一次采访中说，您自视为希腊电影界一个孤独的存在，与其他导演几乎没有联系。

答：我觉得其他希腊导演不存在我这样的问题。作为一个希腊人，我是希腊电影界的一部分，但不是本土化和乡土意义上的一部分。就风格而言，我与他们没有交集。1979年塞萨洛尼基电影节的口号是"安哲罗普洛斯去死"。作为一个知名导演，我处于一种有利地位，而这可能会给他们跟我的沟通带来问题，但反过来并不会如此。我确实与希腊电影界有一种爱恨交加、类似于父子的心理分析学上的关系。而且我也不是任何政治党派的成员，因为我发现希腊的左翼现在使用的是一套陈旧的话术。

问：您曾经说过，您发现如今在希腊制作电影比军政府统治时期更难。

答：这并非军政府更残暴、更专制的问题，而是我与权力的关系问题。我的影片大多与权力问题有关，而只有当权力问题具有政治性时这些影片才算是政治影片。在军政府的统治之下，社会上存在清晰的对立关系；反抗者之间更有凝聚力，左翼也有更强的凝聚力，而现在这种凝聚力支离破碎，混乱无序。举个例子，军政府允许我在旧议会里拍片，而现在我得不到这种许可。现在《1936 年的岁月》比我制作它时更成功，因为它传递了军政府强制实施审查制度带来的万马齐暗感。

问：自从拍摄《1936 年的岁月》以来，您对跟镜头的持续使用引发了影评人的议论，他们认为这是受到米克洛什·扬索（Miklós Jancsó）的影响，而他本人似乎已经放弃了这种拍摄技巧。您是否认为使用这种技巧可能会使得影片变得枯燥乏味或机械呆板？

答：我不认为我受到过扬索的影响。单镜段落（plan séquence）存在于整个电影史中，比如茂瑙的电影中。扬索的跟镜头并不是真正的单镜段落；他的使用方式与我的方式之间存在根本区别，我认为我的使用方式才是正宗的。当我使用单镜段落时，是去创建一个完整的、完结的场景，有内在的辩证对应关系。场景已经完成，而扬索影片中虽有持续时间很长的单镜段落，但它们并不构成完结的场景。他的镜头是横向的，只传递一个意思。至于这种技巧使影片变得机械呆板——您不能因为一位作家拥有与众不同的独特个人风格而批评他。

问：您是否把单镜段落视为达到间离效果的一种路径？

答：其中并不涉及任何操控。我一直对蒙太奇的人为色彩过强感到恼火，它被效能电影（cinema of efficacy）牵着鼻子走。举例来说，如果电影中要表现一个人进来、停下脚步、等待这一系列动作，在效能电影中，等待这个动作是通过蒙太奇来表现的，而在我的作品中没有蒙太奇——场景存在于一个不会为追求效能而被缩短的时间区间内。其中存在一种客观的、具体的时间感；是真实的时间，不是被唤起的时间。在我的电影中，"停滞的时间"是内嵌的，写入剧本的，有意图的。犹如音乐是由声音和静寂组成的联合体一样，在我的电影中，"停滞的时间"具有音乐性，是有节奏的——但不是美国电影的那种节奏，他们的时间都是电影时间。在我的影片中，观众不是被人为方法吸引进来的，他们同时保持着融入电影和置身电影之外的状态，有做出判断的可能。停顿，也就是"停滞的时间"，不仅给了他们机会去理性地评估电影，同时给他们机会去创造或完成一个单镜段落的不同意义。就影响问题而言，我从自己所见的一切中汲取技巧，但我承认的具体影响来源只有奥森·威尔斯对单镜段落和深焦的使用，以及沟口健二对时间和镜外空间的使用。

问：您是否有制作新片的计划？

答：剪辑《大佬亚历山大》的工作困难重重而且劳神费力，使我没有时间思考任何未来的计划。我已经接到意大利广播电视公司（RAI）的邀请，去制作一部有关"大希腊"（Magna Grecia）[1] 的影片，也有许多来自德国的有关戏剧和歌剧的项目提议，我觉得特别奇怪，因为我以前从未在剧院工作过。

"Animating Dead Space and Dead Time: *Megalexandros*", from *Sight and Sound*, Winter 1980/81.© 1980 by Sight and Sound.

---

[1] 公元前 8 世纪至公元前 6 世纪，古希腊人在安纳托利亚、北非和意大利半岛南部建立的一系列殖民城邦的总称。

种植西红柿

吉迪恩·巴赫曼（Gideon Bachmann）/1984

问：您是否发现，在您的作品中，完美的形式与内容（也就是您想表达的东西）之间有时存在冲突？

答：我不这样想。我知道人们会认为所谓的疯狂追求完美需要付出巨大的努力，但我觉得拍摄场地、布景、拍摄时间和摄影指导的选择本身足以使工作不那么困难。最后，一旦你准备就绪，工作就像呼吸一样简单。即使存在您所说的那种冲突，也是极少发生的。

举个例子，《塞瑟岛之旅》中有三个连续镜头拍摄一个老人跳舞。那是在一块墓地里。这三个镜头在同一条轴线上。第一个镜头是舞蹈开始，第二个是舞蹈继续，同时呈现周围空间，第三个镜头是儿子出现，说："女士们在等你开门。"与此同时，这个镜头也突出了距离，因为第三个镜头是从远处拍摄的。我觉得这些镜头有问题，但最终我还是接受了。

这是一系列逆光镜头。逆光拍摄通常会产生一种抽象美。这种现象在诸如英格玛·伯格曼（Ingmar Bergman）的《第七封印》(Det Sjunde Inseglet) 等影片中出现过。

问：在杜辅仁科（Aleksandr Dovzhenko）拍摄的《土地》(Earth) 中也有，其中有一段逆月光拍摄的舞蹈镜头。

答：确实如此，问题是接受还是拒绝这种拍摄质量。最终，我决定接受。特别是第二个镜头，其目的是表现一个与天空有某种关系的角色，背景光很有用。

问：您是说视觉元素在任何情况下都只是表达内容的手段吗？这是个语法问题？您用自己的电影语言来表达，问题是观众能理解吗？

答：我认为这个问题没有解决办法。我制作的那类影片都是对电影语言的探索，在这些电影中，你能实现语言与内容的交融。可能观众理解起来有些困难。这是量的问题。我赞同把第一个层面的阐释机会给观众，我也建构第二或第三个层面的含义，它们可能会被更高层次的观众理解，但我相信第一个层面可以相对容易地被解读出来。至少，这是我正努力去做的，但总会存在能否达成这个目标的问题。我不会像一台计算机那样工作，没办法规划所有事情。有一种倾向认为，制作复杂影片的导演会进行详细规划，但这对我而言只是一个直觉问题。规划详细的导演可能会对观众产生更大的影响。

你输入所有元素——一点儿幽默、一点儿戏剧性，你炮制了一杯独特的电子鸡尾酒，并将之输入一台计算机，它随后便提供一个或好或坏的图像配方。但我认为，像费里尼（Federico Fellini）这样的导演，是不会这样制作影片的。

问：我想您说的这些都可以回到这样一个问题：投资巨大且需要大量观众的电影，对于那些不喜欢这种鸡尾酒的人，也就是那些有话想说、思想超越了第一个解读层面的人来说是不是最佳媒介？显然，对这个问题，您选择了肯定的回答，您坚信电影是一种思想媒介。实际上，似乎有越来越多的公众认同您的观点。但是，难道您有时不会担心有太多观众不这么看吗？

答：我没办法担心这个。每一天，都会诞生各不相同的新的公众。那些美国大片因为有能力通过这种媒介与大量公众进行沟通，所以能自动吸引观众。而在这些大片之外，也有不少其他电影观众群体，每天都会出现更多。

问：您工作时心目中是否瞄准了具体某类公众？

答：好像是有那么一点……有些人买票看我的电影，可能不是很多，但也算得上是某类公众。但我不认为，如果你试图把一种表达媒介变为一种呼吁沟通的绝望呐喊，你就能把事情做好。

问："呼吁沟通的绝望呐喊"是对艺术的一个非常美的定

义。那么您为什么选择如此昂贵的一种艺术？为什么不选择音乐、绘画、写作、演讲……？

答：我有时会问自己这个问题。或许是因为当年我去电影学院学习时，有人说我是天才……说我应该继续，所以我一直坚持到现在。

问：换言之，是因为您觉得自己被这个领域接受了？

答：不，但这是一个人形成的一种品味。电影是一种病。哪怕一个人不被接受，它也能长久地存续。我有过一段十分艰难的时期。但电影很强健——人们离了它就活不了。电影不仅仅是一种表达媒介，它也是一种生活方式。

问：那么，我们是否可以把您新片中亚历山大这个角色，某种程度上视为您的另一个自我？在他办公室的墙上，挂着《流浪艺人》的海报，最极端地讲，我相信所有重要的影片都是自传式的。起码您、塔可夫斯基（Andrei Tarkovsky）和费里尼的影片是这样。在我看来，你们三位导演成功地将这个行业个性化了。但是我在亚历山大这个角色中看到某种精力衰弱之势。其中有一种缄默克制，一种对自己职业的幻灭感。所有这一切是否在一定程度上与那些实际发生在您身上的事有关？这是您的《八部半》（8½）[1] 吗？

---

[1]　在费里尼的《八部半》中，主角是一位感到疲惫并陷入创作瓶颈的导演。

答：是的，我认为您解读得完全正确。有时候情况会变得难以为继，让人十分气馁。在这部电影的制作过程中，有好几次我不想再继续做了。人们经常问我为什么制作它花了这么长时间。我有两个答案，都是有根有据的。第一个答案是主演生病了，我们不得不等他。第二个答案是天气完全不利于拍摄，但我们仍然继续坚持，创作出这场具有象征意义的盛宴。我不止一次觉得继续制作这部影片也是一种象征。我时常会有一种让电影带着问题结束的冲动。这是电影被拖延的真正原因。是我自己有问题。

对我而言，制作影片并非一种职业。我并不觉得自己是电影专业人士。我可以不靠电影吃饭。那我为什么要拍电影呢？是为了向某些人言说，为了传播？为了去戛纳，为了获奖？为了旅游，为了过导演生活？不，全都不是。创作这部影片期间，当我想停下来不拍的时候，我内心想的是去到乡下，无所事事。因此，这部影片是在我经历个人危机的煎熬期逐渐成形的。说起来很轻松——是一个适用于任何人的借口，但它与我内心的某些东西有关。

问：我认为，这部影片的力量就在于可以感受到这一点。

答：我度过了一段严重的政治失望期。我知道我们都经历过这一切，但我被它打上了深深的烙印。这可能是我经受过的最强烈的打击。当然，这在这部影片中发挥了作用。

问：所以，每个人都追问其意义的那一小段舞蹈，正如我想的那样，是一种对生命的肯定，是一个延续的仪式？

答：它取材于一个儿童游戏。游戏中有黑色方格和白色方格，游戏者不能踩在分隔方格的线上。

问：童年的记忆及记忆带来的对现实安之若素，这些在危机时刻颇为有用，这是我的看法。当身边的一切——女人、爱、戏剧等等——皆开始弃他而去时，那舞蹈是唯一幸存的元素。

答：人们有一种感觉，这个男人正在说再见，我是在拍摄这部影片时发现的这一点。他离开，踏上一趟旅程，同时是一趟电影之旅。《塞瑟岛之旅》可能就是那种他应该拍摄的电影。这是第一个层面。但是，当然，隐喻显而易见……就像他真的要离开去旅行并说再见一样。告别他的家乡，告别他的情人，告别他周围的人，告别属于他的一切。就像在答录机上留了一条信息："我要去塞瑟岛了。"

问：但可以肯定的是，您会继续制作电影？

答：我很想很快就拍摄另一部影片。我觉得从来没有像现在这样急切地想制作另一部影片。这是有关解脱、解放的一部影片。

问：我对《塞瑟岛之旅》没什么疑问，不像我观看《大

佬亚历山大》和《猎人》时那样。我觉得在那两部影片中都
有一种内心冲突和备受某种煎熬的灵魂在作祟。我还发现在
《塞瑟岛之旅》中，您几乎是毫不含糊地让那位老者赴死，陪
伴他的只有昔日革命伴侣"瑙西卡"[1]。

答：是亚历山大看着两位老者离去，就像在送他们远行。
那是解放。剪断了脐带。

问：您是意指让共产主义意识形态终结吗？

答：那样说过于简单，有点笼统。是整个历史时期成为
一种无法摆脱的困扰，一种创伤。这个时期导致了我之前提
及的幻灭。迷失的幻觉。于我而言，影片中，那个男人最终
清醒了。他遭遇了自己的认同危机，他在寻找自己，但他现
在清楚了。

问：为何您如此孤立他？为何您不让别人给予他帮助和
支持？

答：因为他必须自己找到解决自身问题的办法。那是他
唯一的选择。任何人、任何事物都无法在这方面帮他。爱情
也不行，外部的其他任何事物都不行。这是他自我存在的本
质，是存在的自主性。

---

[1] 瑙西卡是希腊神话中的人物，在奥德修斯返家途中遇见他并给予重要帮
助。此处是指片中老者的妻子。

问：但您谈到呼吁沟通的绝望呐喊。我知道当下的哲学认为，一无是处的人必定一无所给，或更确切地说，一无所有之人一无所给。我本人倾向于认为，"存在"（to be）意味着与另一个"实在"（being）建立联系。或者与多个"实在"建立联系，但一个也行。如果索多玛有不止一个义士，那上帝就不会毁灭它。因此独自存在是不够的。那么怎样才能有沟通和情感呢？毕竟，我们是部落动物。

答：关于"实在"的问题必须由每个人自己解决。而在创造过程中，"存在"首先意味着"去理解"，去理解你自己。在创造过程中，为了让沟通发生，必须至少要有两个"实在"。发生在人们之间的事情就是创造。

问：但在《塞瑟岛之旅》中，亚历山大似乎已经接受了自己无法与任何人沟通的想法。

答：您应该记得这部影片没有结束字样，即没有写"剧终"。我认为这是一部值得继续拍摄的影片。费里尼和安东尼奥尼的影片也是如此。那些影片从未结束。我觉得——同时我认为观众也会觉得，后续还有更多影像，但他们并不知道这些影像将会是什么。我自己也不知道亚历山大接下来要做什么。

影片确实有一种放弃感，但也是一个新起点。人们只知道这个起点是一次旅行。这并非真正的"塞瑟岛之旅"，更像是"启程前往塞瑟岛"。

问：如果这样，那下面这两种情况就存在冲突，一个是如您所说的，一些人购买并观看您的电影，另一个是您不知道这些人是谁。电影成了希望的替代品。

答：我希望能够反驳您。在独裁统治期间，我一城一城地游历，游遍整个希腊，被学生、电影俱乐部邀请，在大城市、最小的乡村，播放和讨论我的影片。其中有《重建》《1936年的岁月》和《流浪艺人》。最后一部巡回放映的影片是《猎人》。现在我不需要再做这样的事了。独裁期间这样做十分有用且必要。这是一种真正的沟通，超越了影院中可能出现的常规沟通。那时我的确了解我的观众。电影不是替代品而是一种媒介。

问：您想要尽快制作另一部影片的紧迫感，是否呼应着《塞瑟岛之旅》结尾处亚历山大的解脱感？也就是最终能说出他真实所感的那种心情，如果是这样，那您现在真实的内心感受是什么？

答：关于您所提问题的第一部分，答案是肯定的。问题第二部分的答案尚待揭开，只有消除那种至今仍折磨我的痛苦，才能揭开这个答案。

问：这恰恰是我的感受。我觉得他跳的那一小段舞蹈，之前我们讨论过的那个，是另一部影片的开始，或许是另一种生活的开始。我不了解您——今日之前，我不知道您有妻子、您如何生活、您是什么样的人，但这部影片让我觉得，您接下来会迎来更加快乐的生活，能与自然更亲密地接触。我不知道，也许您会养猫……

　　答：实际上，我开始种西红柿了。

"The Growing of Tomatoes", unpublished interview. Cannes, May 1984, following the screening of *Voyage to Cythera* in competition. © by Gideon Bachmann.

干瘪的苹果：《塞瑟岛之旅》

米歇尔·格罗登特（Michel Grodent）/1985

问：让我们从片头字幕开始吧。它应该有一个神秘维度？

答：对我而言，这个画面通向一个梦幻世界，那种似乎从外层空间触及我们的音乐突出了这一点。这个画面的目的是立刻将电影构思的梦幻状态表现出来。接下来的镜头呈现了那个小男孩，他似乎是从外星降落下来的。不过，说真的，关于这个片头字幕我无法给您一个恰如其分的解释——我这样做是因为我喜欢，没有明确的隐秘动机。对此我没办法给出严密的逻辑原因。

问：男孩和德国士兵的那个片段看上去像一段童年记忆。

答：是的，但显然这是一段被电影拍摄下来的记忆，也就是说，这个镜头的最后有导演指导孩子表演的声音[1]。还有，

---

[1] 即安哲罗普洛斯本人的声音。——原书注

摄影机是通过一扇窗向外看的，借此展现城市的风景，似乎是通过一个框架来观看。接下来是一个男人醒来，走向一个现名为亚历山大的孩子——在那个梦幻镜头中他的名字叫斯皮罗斯，我们后来会发现这也是他祖父的名字。当然，我这么做是试图暗示我们的主角，一个电影导演，正用一个孩子的形象来虚构式地呈现自己的童年。观众必须认识到，通过使用相同的名字，影片自始至终都涉及双重身份。这里的所有角色都有双重身份，在片中的身份，还有电影里的那部电影中的身份。

问：这部影片很早就引入了音乐主旋律。

答：的确如此。电影导演下到他的工作室，打开收音机，然后我们听到维瓦尔第式的大协奏曲。这个旋律在整部影片中反复出现，不久后那个老者的主旋律与之结合。最后，两种旋律由扮演老人的那个角色用小提琴演奏出来。就像是对那位老年女性的爱之呼唤，让我们相信，那就是导演的母亲，不仅在戏中戏里是母亲，同样是现实生活中的母亲。

问：我读过您的原始剧本，最近在雅典出版了。那个版本的剧本中确实指定老人的妻子要与导演的母亲十分像。但剧本与您在片场拍摄的影片存在明显不同。比如，我们本应该看到亚历山大在午夜被外面街道上的嘈杂人声吵醒。他走出来，注意到一个赤身裸体的男子站在高处的一扇窗户前，挥舞着手臂,如同巨大的海鸟,嘴里咕哝着诡异的话,正欲一跃而下。为什么您剪掉了这个镜头?

答:我确实拍摄了这个场景,但最后舍弃掉了,因为我觉得它打破了我这部影片中的两个虚构层面——这部影片本身及影片中我的主角正准备拍摄的影片——之间的微妙平衡。导演这条线的故事遮蔽了老人的故事。无论如何,这一场景的要义在影片其他地方被反复提及,因为正是这种对合理平衡和真实灵感的探寻主导着整部影片。

问:既然片中的导演,也就是亚历山大,通过利用他周围的真实人物来创作自己的虚构故事,那么我们能否说这首先是一部有关艺术创意过程的电影?

答:从任何意义上讲我们只能称之为一部寻找和谐的电影,一次在现实与虚构之间寻找平衡的极度绝望的尝试。这也是音乐在这部影片中举足轻重的原因之一。音乐在这里不仅仅是帮助确立特定的氛围,而且也是影片结构的基本组成部分。

问:在影片《流浪艺人》中,阶级斗争在歌曲间的对抗中得到反映。在这部影片里,年轻男子的旋律与老年男人的旋律相对立。

答:我不会说它们相对立。它们不同,是的,但仅此而已。它们彼此兼容,正如我之前所说的,它们最终得以统一。

　　问：如果从心理层面审视《塞瑟岛之旅》，我们是否可以认为马诺斯·卡特拉基斯（Manos Katrakis）饰演的那个角色（老人）是"升华了的父亲"？

　　答：与我早期电影（像《重建》或是《流浪艺人》）中的其他父亲形象相比，我会说这部影片中的父亲更主动，他的儿子，那个导演，为了拉开他们之间的距离而升华了他的形象。摆脱父亲形象及其所代表的一切——不管是代表了过去、我们的个人史还是其他——有两种方法：你可以通过杀死它或是将其升华到一个更高的层面来将之摧毁。在这个意义上，老年夫妇的最终离开为年轻人完成他自己的旅程打开了大门，这贯穿了整部影片。

　　问：也就是将整部影片理解为驱离过去、摆脱过去……的一种努力，对吗？

　　答：驱离过去但同时与之和解。为希腊观众提供一种摆脱过去创伤并直面未来的可能。

　　问：亚历山大，片中的那个电影导演，俨然一位寻找角色的作家。比如，在为老者一角试镜的场景中，试镜的男人们都曾是知名演员，但略带嘲讽意味的是，在摄影机前，他们现在都只重复两个字："是我。"（Ego imé.）

　　答：这是另一处我们不确定是在面对现实还是梦境的模糊时刻。这里是暧昧不明的，由观众去决定。

问："是我"这两个字在整部影片中被重复了好几次，第一次是当老人从俄罗斯的船上下来时；然后是村子里，当他把自己锁在屋子里，妻子来找他时，她又说了一次。这像一个咒语。

答：或者像一种神秘仪式。为什么不是呢？

问：那么您是否承认在试镜与出售村庄土地的场景〔当那些农民被叫到名字时，每个人都会回答"到"（Paron）〕之间也存在关联？

答：当然。在这两种情况下，被像物一样对待的人都做出了机械式回应。第一种情况中，他们是找工作的老演员；第二种情况中，他们是正在象征性地出售其身份的村民。在这两种情形下，导演都是一个不敢干涉的观察者，因为他不确信那个老者确为其父。

问：在您的这部影片中是否还有其他彼此呼应的独立场景？

答：有的。举个例子，那个加油站我们看到过两次，一次是在白天，一次是在晚上，两次都是从相同的角度拍摄的，摄影机的运动轨迹一样。加油站是城市与乡村的中介。每次我想要表现某人去乡村时，我就只呈现美孚加油站。我这种省略化处理方式与维姆·文德斯（Wim Wenders）在影片《德州巴黎》（*Paris, Texas*）中的方式正好相反。他执意从时间和空间上呈现旅行。

问：就您而言，从一个世界到另一个世界的突然转换突出了影片中人物间的冲突。

答：对，是这样的。

问：换言之，消费社会面临着与过去的传统和价值观的对峙。

答：这种对峙发生在真实世界与梦幻世界之间，这个梦幻世界仅存于记忆之中，是未被玷污、仍旧纯净的世界。这便是那个老人拒绝出售自己土地的原因所在。正如电影中的那句台词："他们正在清除空中之雪。"此话的意思是，"他们正在出售所有的记忆，那是他们过去最珍贵的部分"。

问：这种对峙还有其他表现。在最后一场戏中，一群喧闹的人闯入咖啡馆，他们可能代表着追求享乐的新一代希腊人，不过，从有人命令他们保持沉默时他们对权威的反应判断，他们并没有完全摆脱记忆。这是您的意图吗？

答：这个场景的意义并不在此。当警察关掉音乐时，他并未暗示除此之外的其他任何事情。写这场戏时，我想刻画一个人不堪音乐之扰，两次进入咖啡馆时都让人把音乐关掉。

问：那个卖薰衣草的人是怎么回事儿？

答：我需要一种伴随整部影片的香味提示。我们听到那个老人多次说到"Sapio milo"。这个词一直被翻译为"烂苹果"，但我更倾向于翻译为"干瘪的苹果"，它不仅有自身的气味，同时听起来像则寓言，一个隐喻。那个老人一度用俄语讲这个词，通过这种语言的变化，这个词莫名地获得了更大的分量。

问：我们应该视之为政治隐喻吗？

答：现在每件事都会有一种政治阐释，但不宜过度。故事中的这个时候，那个老人迷失了，他说的既不完全是俄语也不完全是希腊语，不过不管他用什么语言，那句话都是相同的："烂苹果。"这一表达是我在寻找拍摄场地过程中造访一处房子时突然闪现在我脑海中的。地板上有一些被人忘掉的、正在慢慢腐烂的苹果。它的香味浓郁，是一种友好、热烈的人类的香味。这是通过影片传递的抽象诗意元素之一。

问：《塞瑟岛之旅》中，那个导演拍摄的戏中戏的主题，是一位流亡者返家，还有缺席三十二年之后，重新认识自己祖国的过程中他所经历的各个阶段，表现了再次找到自己身份的艰难，以及缺乏任何身体、情感和地理标志的支撑。乔治·塞费里斯（Giorgos Seferis）[1] 常以此为题。

答："思乡"（nostos）是我们文化传统的一部分。荷

---

[1]　希腊诗人和作家，1963 年诺贝尔文学奖获得者。——原书注

马早就提到过"返乡之旅"——奥德修斯的"返家之日"
（Nostimon Imar）。出于某些原因，希腊人一直处于"散居他
乡"的状态。希腊人，从本质上讲，是旅人，他们停留在哪
里便在哪里聚居。这是一个古老的故事，同样体现在影片中
老者一角的身上。

问：对您而言，那个老者代表了所有归家途中的希腊人：
既包括移居海外的人，也包括遭到政治放逐的人。

答：确实如此。在我看来，斯皮罗斯也可能在四十年后
是从澳大利亚返乡。但在我们这个故事中，要考虑政治面向。
他是一个站在共产党一边参加了内战的革命者。但大多数从
德国或其他国家工作返乡的希腊移民很容易认同斯皮罗斯的
经历。

问：对于希腊观众来说，这部影片又给他们带来了
额外的收获，即几首移民歌曲，比如瓦西利斯·齐察尼斯
（Vassilis Tsitsanis）的《落魄返乡人》（*San Apokliros yirizo*）。

答：还有一首由乔治·达拉拉斯（George Dalaras）作曲
的伦贝蒂科（Rembetiko）[1] 歌曲，用的是主协奏曲的一个旋
律，是一首关于漂泊、孤独和遗忘的歌曲。影片中还有一首
歌，更政治化，是港口的公共广播播放的，号召每个人参加

---

[1]　一种音乐风格，指希腊城市中的流行歌曲，多在贫困人群中传唱。

码头工人的庆祝活动。那首歌中提到了冰冻的烟囱、废弃的机器正在生锈腐蚀、对抗罢工者的工贼（"我们从不放弃——最好上路去移民"）。经常能在此类庆祝活动中听到这种共产主义歌曲。

问：我们也别忘了米基斯·塞奥佐拉基斯（Mikis Theodorakis）的《列车八点发车》（*To Traino Fevyi Stis Ochto*）。

答：是的，所有这些歌曲都被用来营造影片的音乐氛围。

问：在希腊，他们称之为"海外漂泊"（xenitia）的色彩。片中那个老人曾说了几句颇像流行歌词的话。（"第一年，还行……接下来的第二年、第三年……你渐行渐远，无所依傍。最初，你将希腊与万物留在身后……最终，你染疾抱恙……有一天，远方来的女子缝你衣，浣你裳……伺你食……"）"陌生人，自己浣衣裳。"那首歌唱道。

答：除了真实的肉体流亡这个概念，还有内心的流亡与剥夺。这部影片源于我多年前写下的一首诗，我觉得应该把它植入影片，但最终没这样做。诗中有几句是这样的："我祝你健康幸福 / 但不能伴你旅途 / 我本过客孤 / 万物我所触 / 皆令我苦楚 / 亦非属于我 / 总有人声索 / 此物归其有 / 但于我，身无长物，两手空空……"

问：一艘白色的船，像一只巨大的鸟悬停海上（使用影片中的描述），把老人带回比雷埃夫斯（Piraeus）。多么精彩的镜头！这艘船是碰巧叫"乌克兰"吗？

答：是的，但我们差点儿拍了另一艘苏联船，叫"撒马尔罕"，这是一个接纳了很多希腊政治难民的城市的名字。我们没用那艘船的唯一原因是它的抵达日期与我们的日程不一致。

问：当那个老人从船上走下来时，我们第一眼看到的是他的脚。

答：因为眼下他不过是个影子。沃拉，应该是电影导演的妹妹，解释为何她不想来时讲了这样的话："是不是父亲，谁在乎呢？这一切究竟意味着什么？不管怎样，为什么浪费我们的时间来追寻一个影子？"我们尚处于戏中戏的早期，老人的形象会逐渐在我们眼前树立起来。出于这个原因我使用了变焦镜头，逐渐聚焦在他身上，好像在给他画肖像。

问：那个老人说："是我。"

答：是的，导演最终找到了他要的角色。

问：他们见面时没有拥抱？

答：这很正常，他们彼此不认识。他们有些犹豫，交流很困难，当时寒气逼人。

问：他乘白色的船归来，这是压抑过往的象征性回归吗？

答：可以这么理解。可以把这个场景视为希腊政治环境正常化之后对压抑过往的象征性呈现。但将抵抗和内战带入公众的公开记忆，缺乏几年前希腊刚刚走出七年独裁时可能产生的那种影响力。过去归来的唯一原因是准备赴死。

问：那艘漂亮的白船模拟悲惨的过去，几乎像是一场顶级葬礼。从一开始我们便觉得，那个老人不过是一个沉重的负荷。

答：双方都怀着恐惧。他的妻子只敢问这个经年不见的人"你吃过了吗?"那是一种体面的克制、卑微的礼节，以防她内心翻涌的温柔爱意爆发出来，导致她言不由衷。那也像关上了一扇门，因为她无法面对他的出现，或许她觉得这个男人背叛了自己。

问：关于俄罗斯，他能说的只有那里的冬天有很多雪。

答：这很正常。这个人被驱逐出境，他内心充满了对祖国希腊的热爱。他尽力要表达的不是对另一个国家的看法。他本应该说："这些年一直寒冷如冬，因为我心心念念只想回家。"尽管最终他还是在那里扎下根，结了婚，开启了一段临时生活，但这是他不想要却无法逃避的一段生活。

问：在坦白了这段临时的生活之后，那个老人离开了。

答：他觉得自己是一个异乡人，不能留下来。那房子是老妇人的，不是他的。为了再次寻回旧日情愫，他得找到他们曾经欢乐共处的地方，那是火车站旁边的一家旅馆，他们以前去雅典旅行时曾在那里住了一晚。但老妇人没有离开她的房子，而是把自己关在了厨房里。

问：也可以说《塞瑟岛之旅》是一个重拾旧爱的梦？

答：当然可以。也可以说是尤利西斯和珀涅罗珀的故事，尽管我不想硬要这样类比。

问：这部影片不像您早期电影那样大量参考神话，这里几乎看不出神话的痕迹。唯一明确指涉《奥德赛》的是老人在村里偶遇他的狗并叫它"阿尔戈斯"（Argos）[1] 的那一刻。

答：尤利西斯—珀涅罗珀—忒勒玛科斯三角在此语境中表示旅程的结束。如果人们将希腊最近四十年视为另一场特洛伊战争，那么尤利西斯归来显然是结局。它与我早期的电影——从《1936 年的岁月》到《大佬亚历山大》，这些影片聚焦于战争——形成了一个闭环。以前冲突中的主要人物，亦即那个革命者，回到一个拒绝革命、对他而言毫无用武之地的国家。老尤利西斯拒绝任何妥协，因此，他不再适合这个国家，这里没有他能扮演的角色。他像一个被丢入大海的瓶子——一个将被清除的受人嘲笑的毫无用处的希望。

---

[1] 《奥德赛》中奥德修斯有一只名为阿尔戈斯的狗。

问：这意味着《塞瑟岛之旅》是这个循环的结束？

答：没错，这部影片是尾声。

问：神话中的儿子忒勒玛科斯，在您的这部电影中叫作亚历山大。是参照了《大佬亚历山大》吗？

答：不是。唯一可能的参考是在影片《大佬亚历山大》的结尾处，我们看到小男孩亚历山大动身前往城市。这种结尾对于导演作为一个革命传统继承人的角色极其重要，为了面对现在，他必须摆脱过去的创伤。

问：您在《塞瑟岛之旅》中用到的村子看上去跟《大佬亚历山大》中的那个像极了。

答：确实如此。这个村子是我们拍摄《大佬亚历山大》时的那种小山村。所有这些村子在战争期间都掌握在抵抗派手中，地下工作者利用口哨进行交流，就像我们在《塞瑟岛之旅》中看到的那样。口哨语言自土耳其人占领以来一直被人们使用。反叛者们会用这种方式警告彼此注意危险。这些偏远的小山村曾经为了安全和避难而建，现在已经被废弃了，居民们逃去谷地、城市，或异国，去往任何生活条件略好的地方。但是现在的消费社会把群山复建为人们的第二居所，把古老的村庄变成滑雪胜地。

问：那个老人似乎是旧传统的最后守护者，一个"舞者"。我指的是他表演传统舞蹈的那一段。

答：从隐喻的层面上讲，他代表了一代人及其对生活的态度。他是我们历史的一部分，是我们可以改变祖国这一伟大希望诞生时的那代人，是同他一起正在消失的一代人。

问：很多人觉得这是一部伤感的影片，甚至是悲观的。

答：当然有悲伤，还有对所有不可挽回的损失的深深遗憾。但我认为，最终它既不乐观也不悲观；它是清醒的。这是前进的唯一途径。亚历山大对自己周围的现代世界失望至极，他用自己所拍摄电影中的虚构之旅，把自己从过去中解脱出来。

问：讨论《猎人》时，您说那部影片描绘的是右翼的思想意识。那么这部影片是对左翼的剖析吗？

答：应该说是某类左翼，因为并非所有左翼都与亚历山大一样。我认为这部影片表现的是现代人的思想状态，他们认识到，在重建我们赖以生存的伦理和美学准则之前，任何改变都是不可能的。这要求我们掌控自己及自己的记忆并将之秩序化，解决过去所带来的障碍。

问：把电影当作疗法？

答：我总是说我的电影是我的大学，我从我的电影中学到很多。它们是我的个人行囊，也是我的精神分析课程。

问：亚历山大代表了意识形态的终结?

答：更确切地说那是沃拉这个角色的作用——当她粗暴地指责父亲自私自利的时候。沃拉体现的是代际间的冲突：她一直是父亲革命献身精神的受害者。她一直希望自己能改变世界，但什么都没发生，她绝望至极，再没有什么让她信仰的东西了。在这方面，她是她母亲的对立面，她母亲逐渐找到了回归真爱之路。沃拉甚至比亚历山大还讨厌她所生活的世界。亚历山大还在寻找爱；而沃拉已然放弃。她将自己的身体视为最后的避难所，但与水手的韵事只不过给她带来了短暂的兴奋。仅此而已，没有感情。

问：母亲是真正的强者吗?

答：她是所发生的一切的受害者，但她是这些年来唯一忠于自己的人。她对丈夫保有的那种让人难以置信的忠诚——我提醒一下您，所有这些都发生在戏中戏里——赋予了她为自己再次创造真爱的权利。

问：这意味着女性在希腊电影中不再被边缘化了吗?

答：让我这么说吧，与我的早期电影相比，片中的女性更加坚定自信，不再接受只遵从男性的倡议。

问：我们是否可以说《塞瑟岛之旅》将您带回了经典叙事?

答：意识形态的混乱已经将我们用以阐释世界的不同方法推入背景之中。当我开始制作电影时，马克思和弗洛伊德都还是重要人物，就像黑格尔和列宁一样，人们自然而然地会利用他们的学说去观察世界。让我补充一下，希腊近期历史中那段极其痛苦悲惨的二元对立的经历，鼓励我们用辩证法去解读周围所有的社会和美学现象。简言之，我们有种感觉，认为现实证实了理论，理论与实践是一致的。自（希腊国内的）正常化开始以来，我们正在寻找新方法，我觉得我们正在回归一种存在主义。艺术再次以人为中心，而且问题远远多于答案。世界如棋盘，人不过是个小卒子，影响整个棋局的可能性微乎其微，可以忽略。政治只是玩世不恭的游戏，已经背弃了过去的承诺。这并不一定意味着我们必须回归英雄的原始意义，但至少回归把人置于中心的叙事。这并非回归心理学，而是从宏大叙事下的普遍性过渡到更加个人化的电影，其中影片制作者正在质疑自己及其艺术。

问：简言之，可以说我们回归观众对人物角色的认同？

答：如果回顾自己的心路历程，我认为在我以前的电影中，首要的关切是忠实重建，而且这种关切特别明显，以至于排除了任何形式的认同。经历了一个漫长的困难期后，我们回归情感。自然，《塞瑟岛之旅》受益于我从所有其他电影中获得的全部经验。但现在，不再是事件而是情感决定着影片的进程。我比以前更加深入我"画作"的细节之中。

问：但这并不排除过去的安哲罗普洛斯的存在，以及他的间离与嘲讽。比如，军队占领村庄搜寻那个消失的老人的场景……

答：是的。我想要突出斯皮罗斯的反抗，他拒绝离开房子，这么做的部分原因是他被遭受过的暴力所影响。

问：流亡后返乡的人怎么了？他们是不被允许在希腊停留超过一定时间吗？

答：有些人给了一个月，其他人也许给三个月，不超过这个时限，除非他们成功获得某种合法身份。很多流亡者尽管已经不在希腊三十五年之久，却仍旧拒绝再次离开。

问：更具讽刺意味的是港口咖啡馆里举办派对的那个单镜段落。实际上，您的电影中有许多派对。这在您眼中是有趣的隐喻吗？

答：不是，我猜是希腊的聚会习俗启发了我。在希腊，你真的不需要理由就可以把一支乐队、几名歌手凑在一起开个派对。在那场戏中，码头工人工会正在举行庆祝活动。这里具有讽刺意味的是，公共广播正通过喇叭在一个空旷无人的地方播放各种革命歌曲，显然无人对参加阶级斗争感兴趣。军政府倒台后，曾经点燃群众的那种热情已一去不复返。这些庆祝和派对欢宴不过是空洞的政治活动。

问：但当那个老妇受中间人之邀，用广播呼唤她丈夫时（那时他已在海上的筏子上），您把这看作讽刺吗？

答：不，她知道这是能让他听到并向他表达爱意的唯一方法。

问：除了在这种欢庆环境中，好像没有其他方法能让这两个人对话。

答：借助这种环境，我想要强调的是他们两人关系不同寻常的特点和紧密程度。这对夫妇彼此沟通起来如此笨拙，只有在这种环境下，他们才能找到交谈的方法。

问：片中那场暴雨似乎浸没了整部影片，它的作用是什么？

答：下雨是为了阻止欢庆活动。当然，您想怎样阐释都可以：一个隐喻；一个讽喻；一个愿望，对那位独自漂泊在海上的老者的戏剧化处境加以强化。我们不要忘了，是导演亚历山大拿主意，挑选场景，营造氛围，决定何时下雨及何时天黑。

问：片中还有一个经常被讨论的单镜段落——导演和他的情人会面那场戏。

答：这里我们回到虚构作品的第一个层面。这部影片描述了导演生活中的一天，被限制在若干小时之内。他往返于家和电影工作室之间。他散步,反思自己的思想状态,所有一切都通过电影配乐来突显。他问候每个人,似乎他要启程远行。在影院里做爱的女人是他妹妹,这发生在戏中戏里,因此几乎没有迹象表明这可能是乱伦。她求他"不要走"。但他还是走了。他得追寻他的探索之旅,继续……他的电影。

问:舞台上正在排演的是什么剧?

答:是易卜生的《海达·高布乐》(*Hedda Gabler*),该剧结尾时女主人公自杀了。我稍微修改了结局。在易卜生的原剧中,自杀发生在一间屋子里,发现了她的那些人说:"这还没完。"我翻转了原剧情节。这是一部有关幻想迷失的剧,因此是我要表现的主题的完美示例。

问:又一次看出您对"戏中戏"的偏爱。

答:我们从喇叭里听到一个声音说着"一、二,一、二……一、二、三、四……",似乎是在测试广播系统。那是我本人的声音。这是我在影片结尾处又一次使用的小伎俩。还有,我开玩笑似的用了朱利奥·布罗吉(Giulio Brogi)讲希腊语对白时的那种意大利口音。对希腊人来说,他的口音很容易引起注意。这又是一次现实与虚构的游戏。

问:这有点儿像对位法:两个故事,一个主要一个次要,次要故事有时支撑主要故事,有时与主要故事形成对比。

答：是的。这么做的目的是暗示可以从几个层面解读这部影片，既可视之为真实故事，也可把它当作超现实的故事（比如，老者在雾中吹口哨的单镜段落），而不要总把它当作梦幻剧。还有，现实有时甚至比虚构的故事还离奇。演员马诺斯·卡特拉基斯，我选他来扮演老者，因为他的外形与品性跟斯皮罗斯一致。影片拍摄结束后他去世了。就像他扮演的那个角色一样，他也在革命中幸存下来，曾因政见入狱。我觉得冥冥之中他似乎是在寻找适合死亡之地，而这部影片正好为他提供了这个机会。十分吊诡的是，影片中与他演对手戏的那个演员几乎于同时去世。在现实生活中，他属于对立的政治派别。就好像过去的两张面孔真真切切地同时消失了。

问：为什么那个老人谈到"第三次流亡"？

答：第一次是1922年的大灾难，是希腊败在穆斯塔法·凯末尔手上（影片中那个病恹恹的老妇人提到过）之后。第二次流亡是内战之后。第三次是片中所描述的，刻画了死亡慢慢迫近，这首《呼唤静寂》（*Call for Silence*）是在音乐主旋律的映衬下由小号演奏的。

问：为什么称这部影片为《塞瑟岛之旅》？

答：塞瑟岛是广受诗人赞美的岛屿，是爱之岛，阿佛洛狄忒之岛。电影名必须反映影片的全部精神。在过去，我觉得我在这方面做得相当好:《1936 年的岁月》是受到康斯坦丁·卡瓦菲（Constantine P. Cavafy）的启发（如《1909 年的岁月》),《大佬亚历山大》参考的是游走小贩和皮影戏这种民间传统。

问：如果您必须选一首诗来表达您倾注在这部影片上的情感，您会选哪首？

答：塞费里斯的《河边老者》(*An Old Man on the River Bank*)。"我只想直截了当地说 / 愿这礼物恩赐给我⋯⋯"

"A Withered Apple: *Voyage to Cythera*", from *La Revue Belge de Cinéma*, no. 11, Spring 1985.© 1985 by Michel Grodent. Translated by Dan Fainaru.

电影《养蜂人》漫谈

米歇尔·西芒（Michel Ciment）/1987

问：您的上一部电影《塞瑟岛之旅》明确表示了对政界不再抱有幻想，即使影片没有大段阐述意识形态的死亡，但也肯定提出了有关这些问题的观点，这与您之前的所有影片都截然不同。现在，在影片《养蜂人》中，唯一提到政治的地方是马斯楚安尼和塞尔日·雷贾尼（Serge Reggiani）之间的会面，当时他们谈论旧日的同志及错过了"与历史的约定"。影片的其余部分都聚焦于一个单独个体的命运和私人问题。

答：请记住，我们正在谈论一个五十五岁且背负着半个世纪历史的男人。他不再天真，他感到过去的重荷压在自己肩头。在与旧交共同追忆往事时，他可能会提到自己过去想改变世界的愿望，电影的这种语境从一开始就很清晰。他经历了四十年激变史，对希腊和整个世界而言，那都是一段天翻地覆、至关重要的时期。有战争、镇压，但也有希望。他是我们这个时代的人，身后是所有的过往，面对的是一个全然没有这一类记忆并称他为"好记性先生"的年轻女孩。这是记忆与无记忆间的冲突。经常有人问我："他为什么会自杀？"我不相信他自杀。他的自杀是绝望之举，但当他做这件事时，就像翻倒蜂箱一样，他是努力去建立某种沟通，犹如囚犯在狱中用手拍打地面进行联络一样。因为他是特定情势下的囚徒，努力与过去沟通。但我们得寻找其他东西。我们现今生活在一个历史巨变的关头，等待着世界发生变革，却不知道这种变革何时及如何发生。无论如何，显而易见的是，必定得有事情发生才能将我们拉出当下的状态。人类史中一直存在着巨大断裂，那种万马齐喑的时刻。我们正生活在这样的时期，这种沉默会导致恐惧。

问：在近期两部影片《塞瑟岛之旅》和《养蜂人》中，您把您的主角称为斯皮罗斯。在您眼中这有什么特殊意义吗？

答：斯皮罗斯是我父亲的名字。对我而言，这个名字代表着他那一整代人。这个名字在影片的语境中并无任何意义，但我特别喜欢它。另一件事是，我的每部影片都带有下部影片的种子，这是《塞瑟岛之旅》与《养蜂人》之间的联系之一。名字的选择可能也反映了个人问题——极可能我没有能力讲别人的故事，只能讲我自己的。或许我只是局限于我本人的经历、我本人的痛苦和希望，还有我本人的个人成长和发展。这也是为什么我相信我的下部影片会出自《养蜂人》。

问：您说您父亲的名字（您把它赋予马斯楚安尼扮演的角色）没有什么特别意义，但父亲身份似乎是您最近三部影片的主题。在影片《大佬亚历山大》中，是意识形态意义上的父亲；在《塞瑟岛之旅》中，是生物学意义上的父亲；在《养蜂人》中，是被年轻女孩选择的父亲。

答：正是通过寻找父亲这个人物形象，我们找寻通向未来之路，同时保持我们的情感平衡。一提到特定历史时期的结束及让我们保有希望的理想的终结，总是伴随着挫败感，有如被拔起了根基。这种政治不安感会在一个人心里产生反响。对父亲形象的找寻，缘自恢复情感和谐的需要，缘自认识到一个人的存在不仅仅是偶然的需要。这是在昨天和明天之间建立连接的一种方法。《养蜂人》的主角既是自己亲生女儿的父亲，也是与他一起旅行的那个年轻女孩的父亲。透过这两个人，他尝试找到一种达及未来的方式。他觉得他们彼此间存在一道深渊，不仅仅是代沟，更像是语言沟壑。即便是肉体上的爱也无法帮助他建立与另一代人的联系。因此，他极度绝望。他离开北方前往南方，去他的家乡，因为那里有他曾体验过的和谐。但他在那里发现的只有无尽的泪水，一切都被摧毁了，包括电影院。影院曾是我们生活不可或缺的部分，是已然在我们眼前坍塌的世界的一部分。它曾是我们与周遭的生活保持接触的方式之一，也曾是我们创造性的选择之一。

问：您为何要选一个养蜂人做您的主角？

答：这是一个不同寻常的职业。养蜂人有诗人的灵魂。他们与自然有着独特的关系，采蜜像一种艺术行为。他们通过感官与蜜蜂交流，而我的主人公在这种交流被打断时崩溃了。他最后的行为也是直接针对蜜蜂的，有如一个濒死的雕塑家毁掉自己的雕塑作品。在拍摄《流浪艺人》时，我遇到一个生活在海岛上的养蜂人，他成了我的朋友。他在影片中扮演了一个小角色，也是我们和当地农民的中间人。他在《大佬亚历山大》中再次出演，扮演了一个绑匪。为此他不得不离开家和他的蜜蜂。我很喜欢他，也常去看他。每次在他那里，我都会不由自主地留意他观看蜂巢的方式，他时刻追踪蜜蜂的来来往往，观察它们进进出出蜂巢。对他而言这是一个很有吸引力的职业，他工作时会像正在录音的音响师那样专心致志。很多体力劳动者都不喜欢自己的职业，因为这些工作通常又累又脏，还得不到好的报酬。但养蜂人热爱他们的职业，他们跟蜜蜂间存系着一种情欲关系。因此，在某种程度上，他们就像艺术家。

问：您如何解释一直坚持在希腊北部拍片这件事？

答：我不知道。我有时会疑惑，为何这个地区在雨中和雾中的风景、这种北部的忧郁伤感对我那么重要。坦白说，我得承认我也不喜欢阳光明媚的巴黎——我更喜欢雨中巴黎的样子。

　　问：您的选择有点儿像安东尼奥尼对波河谷的偏爱。

　　答：可能其中有某种特殊意义吧！这些风景自我拍电影伊始便一直萦绕左右挥之不去。

　　问：在《养蜂人》中，您用了以前电影中用过的那些地点，比如约阿尼纳（Ioannina）。

　　答：是的，确实如此。《重建》中两个恋人在约阿尼纳的小旅馆里会面。为了拍《流浪艺人》我又去了那里，约阿尼纳还有旁边的湖又同时出现在《猎人》中。很奇怪，因为我是一个彻头彻尾的南方佬。我生于雅典，我的家庭源自克里特和伯罗奔尼撒这些南方腹地。然而，事实是我大部分影片是在北方拍摄的，特别是在伊庇鲁斯，希腊西北部的一个地方。除了雨和光秃秃的地貌，我尤其喜欢石头和石头房子。我一定是在努力从潜意识中提取某种隐秘的图像，但到底是什么图像，我不清楚。

　　问：您也用到了一个叫埃吉奥（Egio）[1]的镇子。

_____

[1]　前文中出现的爱吉昂的别名。

答：是的，为了拍电影院的镜头。埃吉奥位于伯罗奔尼撒，在希腊南部，因为这部影片是横跨整个国家的，开始于马其顿的弗洛里纳（Florina）——它毗邻北边的阿尔巴尼亚和南斯拉夫，然后一直南下。我在加拉克西季（Galaxidi）和北部的古迈尼萨（Goumenissa）拍了一些场景，也在纳夫普利翁（Naphplion）拍了一些，该处也用于《流浪艺人》和《猎人》的拍摄，当然在雅典也拍了一些场景。

问：您考虑过在摄影棚里制作电影这个选项吗？

答：从来没想过。我觉得有必要将自然景观转化为我想象中的内心景观。我重新粉刷房子，有时甚至将它移走；我在没有桥的地方建桥。我们甚至在高速公路旁建了个场地来供那个女孩在里面跳舞。我所有的影片都是基于现实精心制作的成果。我努力呈现的并非现实的景观，而是我梦中所见的景观。

问：但是考虑到您那些特别复杂的单镜段落，比如女孩在酒吧里跳舞那一段，在摄影棚内拍摄会更容易。

答：可能吧，但在这种情况下我就不能从外景转到内景——这样做的话我就得剪切。但很多时候，我需要在同一个镜头里从外景移到内景或是从内景移到外景。最重要的是，我们得面对这样的事实：希腊电影制作中没有太多使用摄影棚的传统，因此这样做相当冒险。最后一点，我的布景需要一个实景基础，然后我才能改造它满足自己的需要。

问：您跟您的摄影指导乔治·阿瓦尼蒂斯（Giorgos Arvanitis）和布景设计师麦克斯·卡拉皮佩里斯（Mikes Karapiperis）关系十分密切，他们自您的首部影片以来一直与您合作。

答：我们总是一同外出去寻找外景地，就我们三个人。我们讨论现有的选项，应该对地点做些什么改造来适应我们的计划。阿瓦尼蒂斯检测色彩模式、灯光选择，以及给摄影机移动预留空间。一旦我们到了拍摄这一步，大部分工作已经完成了。我觉得这是大部分影片通常的拍摄步骤，但由于彼此认识了这么长时间，我们能很快达成共识。我想，在摄影棚里，我们可以移走墙体，从而使摄影机移动起来更加轻松自在。而在实景拍摄过程中，如果我觉得真有必要的话，我会毫不犹豫地拆除一面真的墙；不管怎样，我怀疑自己在摄影棚里能否感到舒服。

问：您用什么镜头？

答：这次我用了好几种镜头，甚至是变焦镜头。这样做不是因为我需要变焦效果，而是因为我需要改变演员、景观、摄影机之间的空间关系。但基本上，我总是用35毫米的镜头，有时会用40毫米的，偶尔会用到80毫米的镜头，但很少。我觉得35毫米的镜头特别令人满意，因为它视野相当开阔且不扭曲图像。跟人眼的效果相当接近。可能不如 40 毫米的效果好，但它具有我认为至关重要的景深。在这部影片中，我想要特别控制男人和女人之间的距离。表现他们更接近或更疏远，这是反映分隔他们各自世界的距离的一种方法。比如在旅馆房间里，我从不想让他们同框，我想让摄影机从一个人转到另一个人。

问：虽然斯皮罗斯似乎是在回归土地的路上，但影片第一个单镜段落中的鸟，还有那些蜜蜂，一定表达了飞翔的愿望。

答：首先，我生怕人们把鸟视为某种象征，那并非我本意。我只是想为这对新婚夫妇间的关系制造一种不安感。如果是为了象征，我应该让那只鸟撞到一堵白墙上。

问：《我爬到了梨树上》(I Went Up into the Pear Tree) 那首歌是怎么回事？

答：这是我整个童年都在听的一首歌。这首歌伴随我长大，正如现在我的女儿们也听着它长大。这是一首超现实歌曲——梨树太小是不能爬的。"然后我割伤了手。"我不知道这句歌词是什么意思。

问：但您还是用它来结束影片！

答：是的。但我无意强调这首歌。马斯楚安尼给他女儿唱这首小曲，跟女儿尚在襁褓中时唱给她的是同一首。

问：塞尔日·雷贾尼的那个单镜段落是唯一提到过去的镜头。

答：我们知道，斯皮罗斯曾是一位学校教师，后来离开岗位。显然，影片伊始他便开始告别所有人和物。他跟老友们说再见也很正常。这个单镜段落是让我们理解他在母国历史上曾扮演过自己角色的唯一时刻。这多少参考了《塞瑟岛之旅》，不同之处在于《塞瑟岛之旅》中的老人是被放逐后归来，犹如尤利西斯返家。而在《养蜂人》中，主角并未离开家乡。它是前一部影片的逻辑续集，同时构成了一个闭环。这也是我第一次在一部影片结束后尚无下一部的拍摄计划。我觉得我需要等，等待时机的同时认真思考一下。我觉得我正处在一个新循环的开始，一个不再基于记忆的循环。我怀疑我穷尽了我这一代人的历史。或许我应该尝试去谈谈年轻的一代，谈谈《养蜂人》中的年轻女孩，谈谈当下和即将到来的他们的未来。今天，有很多理由继续活下去，正如有很多理由死去。

问：您是那一代人的一员，您那一代人擅长描绘那个时期的政治画像，其中诸如罗西、塔维亚尼兄弟（Paolo and Vittorio Taviani）和德尼斯·阿坎德（Denys Arcand）等人现在都专注于个人画像而不是历史画像。

　　答：可能是因为历史现在陷入了沉默。我们都在通过挖掘自身来努力寻找答案，因为在沉默中生活相当不易。当历史不再发展时，个体很容易在这种打断了历史连续性的危机语境下专注于自己。对于我们这代人，对于曾经积极参与历史以维系这种连续性的我们而言，这十分可悲，那种难以名状的失望。

　　问：因为片名的原因，很多人认为《流浪艺人》与《塞瑟岛之旅》有某些关系。但若它有姊妹篇，那应该是《养蜂人》。

　　答：是的，因为这是养蜂人之旅。一次个人旅行在某种程度上取代了流浪艺人的集体旅行。

"Talking about *The Beekeeper*", from *Positif*, no. 315, May 1987.© 1987 by Positif. Translated by Dan Fainaru.

《雾中风景》

塞尔日・图比亚纳（Serge Toubiana）

弗雷德里克・施特劳斯（Frédéric Strauss）/1988

问：您这部新片名字中的"风景"似乎有种特殊的意义。人们会觉得作为影片主角的两个孩子是您正在观察的一种风景，好像您正从远处观看一处不熟悉但很想了解的地方。

答：是的，这就是我提到的人文地理，就是在你看一部电影的时候，觉得自己对银幕上人物的外在方面了如指掌，除此之外再也发现不了关于他们的其他东西。《雾中风景》算是一个童话故事，我试图将首次发现的那种快乐和惊奇保留其中。

问：您选择的视点，还有摄影机与主角之间的距离，使观众无法马上代入片中的孩子。利用儿童是最明显的商业噱头，但您以巧妙的方式成功地把他们表演中的悲伤情绪几乎全部挤干了。

答：我既没有试图利用孩子们天生的镜头吸引力，也没有试图利用他们通常能激发的那种悲伤情绪。如果采用完全不同的拍摄方法，并把这些特色明确地表现出来，这部影片本可以成为热门的商业大片。我十分清楚这种操作的风险，但另一方面，我也不想完全清空他们的情感作用。我不得不在这两者间找到合理的平衡。在《养蜂人》中，我尝试让马斯楚安尼达到非表现性（non-expressive）表演的极限，但他的个性太为人所知了，根本出现不了我之前提到的那种惊奇。这是我从他身上发现不同之处的方法，我从不在他动情的场景中使用特写镜头去拍他。我总是担心片中出现那种几乎是大叫着"看着我！"的画面帧。因此，我喜欢安东尼奥尼和早期的文德斯，更喜欢电影《爱丽丝城市漫游记》（*Alice in den Städten*）而不是《柏林苍穹下》（*Der Himmel über Berlin*），尽管我觉得他近期的作品很有趣。

问：您怎么跟孩子们共事？

答：那个男孩，米哈利斯·泽克（Michalis Zeke），在我们拍摄这部影片时只有五岁半。我觉得与他交流的最好方法是让他相信自己正在玩一个游戏。有一场戏是他看到马奄奄一息后突然哭起来。我们排演这场戏时，他走到我跟前说："安哲罗普洛斯先生，我很生气但哭不出来。我很伤心但真的做不来。"我告诉他："听着，在这场戏中你必须要哭。只是心里难受还不够，你必须要表现给观众看。"他想了一会儿，然后提议："您骂我吧，您知道吗，这能让我哭，然后我们就可以拍这场戏了。"我们试了这种方法，但没起作用。于是我们回到酒店，再跟他过这场戏，但比之前排演时要粗略得多。剧组成员都围在我们周围。他觉得有点丢人，转过身背对着我，开始哭了。我拉着他的手，回到拍摄现场，一次性搞定了那场戏。虽然对他而言，一切都是游戏，但那个女孩，塔尼娅·帕里奥洛古（Tania Palaiologou），比男孩大得多，对她要用不同的方法。她正经历从童年到青春期那段很让人棘手的时期。实际上，她第一次来月经就是在拍摄现场，她还爱上了饰演俄瑞斯忒斯的演员斯特拉托斯·佐佐格鲁（Stratos Tzortzoglou）。因为这符合影片的精神，所以我没有干涉。然而，她真正的问题是强奸戏。尽管我多次恳求——因为我觉得影片需要这个情节，她一直拒绝演这场戏。她会把自己关在房间里根本不跟你谈。她最终同意演这场戏，但拒绝按剧本中写的那样演：当卡车司机拉扯时她大声尖叫。片中呈现的那种表演是她自己的想法，我发现这样的表演与影片完美切合。对她，我采用的是动之以情的方法，而不是对着干。她玩的唯一的游戏是"沉默游戏"。当剧组设置灯光时，我们，也就是两个孩子、俄瑞斯忒斯和我，会比比看谁能保持沉默半小时或更长，直到灯光设置好。有时，为了让沉默更容易一些，我会播放影片中的音乐。我吃惊地看到这两个孩子能如此长时间不开口说话。我女儿与他们的年龄相仿，与女儿们相处的亲身经历让我知道，要他们这么长时间不说话有多困难。这些沉默时刻对营造影片的情绪氛围有极大的帮助。

问：您是想告诉我们，导演也是一名演员吗？

答：当然。我认为导演不应该给演员演戏来让他们模仿，但在不让他们模仿的情况下，可以通过营造特定的氛围来启发他们呈现出你想要的那种表演。最初制作电影时，我不太喜欢专业演员，觉得他们的表演很假。我更愿意与非专业演员合作，但我发现他们总是对场景节奏不敏感，而且容易在那些戏剧性的时刻表演过头。我很喜欢马斯楚安尼曾告诉我的那句话："我是孩子，你是给我讲故事的家长。如果你清楚如何讲好这些故事，那我就演你的戏。"

问：这不就是描述电影的作用以及电影制作者和观众间关系的一种方式吗？

答：是的。马斯楚安尼说，他无法理解那些希望在开拍前被告知所扮演角色的全部情况，同时要求对角色行为给出合理解释的演员。他尽情放任自我，任由自己被故事流裹挟而行。

问：对您而言，写这个剧本是个很漫长的过程吗？写完后，您的手头是否就有了一个分镜头脚本？

　　答：不是这样的。事实上我的电影剧本并不是真正的剧本。它们通常看起来更像一部小说——尽管不是通常那种文学小说，你在里面找不到一个形容词。比如说，如果故事里有一个英俊的男孩，我会删除"英俊"这个词，以防角色设定过早进入影片。此外，我通常会详细说明音效的出现，比如鸟鸣。我写作《雾中风景》的脚本时就是这样。我在很早的阶段就把它写入剧本，远在我有什么音乐方面的想法之前，音乐是较晚才出现的。片中两个孩子的逃离让人们回想起往昔的浪漫冒险；因此想到这段的配乐时，我觉得塞萨尔·弗兰克（César Frank）和门德尔松的曲风很适合。一旦我决定了想要用的音乐类型，那么接下来就要选择演奏这种音乐的最佳乐器了。在这部影片中，我觉得双簧管是正确的选择，介于甜蜜的浪漫主义和痛苦的哭泣之间。接着我把剧本当作故事一样来读，并努力想象与之相协调的色彩，不考虑剧本的任何规范。拍摄每个人都驻足观雪的那场戏时，我让市政员工们身穿黄色派克大衣出来。我觉得再次使用这种色彩模式会是个好想法。在火车站的那个单镜段落，我们看到铁路工人穿着黄色衣服，从轨道上经过。这些就是拍摄时的现场即兴创作，不是事先规划好的。我接受了法国高等电影研究学院的教育，那里的老师教我们要忠于剧本的每个细节，这是伟大的希区柯克传统。就个人而言，我觉得在希区柯克传统与戈达尔流派之间存在很大的创意空间。选择合适的地点对我而言至关重要。我都是在外景地拍摄的，但我总是会改造它以满足我的需要。唯一不变的是现场感，但我可以通过多种方式来处理它。

问：您电影中的象征形象，都是在剧本中早就已经写好的吗？

答：是的。俄瑞斯忒斯找到的电影胶片是写在剧本中的，但是，由于技术原因，我们未能完全按照剧本进行拍摄。我的本意是让摄影机接近这张胶片并真正进入其中。为此，我们不得不准备两张中间负片并使图像失去清晰度。电影中保留下来的只是我想法的一半。对我而言，象征元素是摆脱简单叙事的局限并探索超现实世界的一种手段。尽管很多时候我并不明确理解这些元素的意义，但还是会将之植入剧本中。举例来说，我真的无法告诉您从塞萨洛尼基港口拉出的那个石手的意义。正如前面我告诉过您的，这部影片的基本结构类似于一个童话故事，这赋予观众更多的自由去加入情节逻辑之外的元素。但是人们不应尝试去系统地拆解其意义，因为这可能会损害叙事的流畅性。俄瑞斯忒斯把他的摩托车卖给另一个年轻人的那场戏有一丝同性恋的暗示。托尼诺·圭拉，跟我一起写剧本的那位，想知道这种暗示的目的。我没有答案——我只知道这样做感觉是对的。

问：这场戏与恋物癖有关。

答：嗯，我们知道男人和他的摩托车间有一种情色吸引力。我没有付给那个演员报酬，而是把那辆摩托车给了他，您无法想象他的高兴劲儿。场面甚至有点儿尴尬。

问：您电影中最重要的似乎是每个镜头的一致性。每个镜头必须得有自己的力量，进而随着镜头的推进而构筑其强度。

答：正是出于这个原因，我个人的电影语言才以时间维度的扩展为基础。在进入某个镜头的主旨之前，你必须得有时间去找到演员与景物间的关系。因此，我喜欢塔可夫斯基的《潜行者》(Stalker)，而不那么喜欢《乡愁》(Nostalgia)；至于《牺牲》(Sacrifice)，我完全不喜欢。在我看来，《潜行者》中，堪称电影艺术"三位一体"的演员、景观和摄影机三者间的关系臻于完美。

问：您的绝大多数影片中，似乎有一种对过去的伤感。但那两个孩子，并未受这种伤感的影响，他们正把您拉到一个不同的方向。

答：我觉得那些过去是我个人的过去，由于我作为电影制作人的职业，它们被拉入当下。片中结尾处的那棵树就是《塞瑟岛之旅》中的树，是我个人电影景观的一种指代。在这部影片中，孩子们穿越一种电影景观是为了最终抵达一种完全不同的电影景观。我相信，这种新景观会给他们带来焕然一新的希望。我愿意相信这个世界将被电影拯救。电影是我的世界，也是我所有旅行的疆界。我一直在寻找使我迷醉销魂的神秘理想国，我正倾尽全力去相信这些借助我的影片而不断开启的旅程具有现实意义。

问：您对过去的这种伤感态度难道与当下影业态势和您对这种情况的认知没有关系吗？

答：电影危机指的不只是进入影院的人数下降。在20世纪70年代，电影制作者们还在寻找新天地。现在一切都结束了。除了屈指可数的几部好影片，总体感觉是电影已经难以为继。对我们而言，电影过去有点儿像十字军，为拯救世界而出征。今天，年轻的导演们与我使用同一批技术团队。这需要很多资金，而且成本越高，冒险探索的余地越小。前段时间我跟大岛渚交流，我俩都觉得我们这代导演更关注政治，年轻时，我们真心相信事情真的会变化。而现在，显然这一切都结束了。

问：您电影中的怀旧感可能也源自这些影片似乎没有明晰的结局；您的电影可以有任何走向，从而给了观众推测的自由。

答：我的电影没有结局。我觉得自己周围的一切都是静止凝固的。我正倾尽全力摆脱这种静态，去开辟新天地，但周围没有出现任何激励我的事情。当我问大岛渚为何不继续在日本拍片时，他跟我说了同样的话。他说，那里没有任何东西能够激励他了。

"*Landscape in the Mist*", from *Cahiers du Cinéma*, no. 413.© 1988 by Cahiers du Cinéma. Translated by Dan Fainaru.

安哲罗普洛斯的电影哲学

杰拉尔德·奥格雷迪（Gerald O'Grady）/1990

1990年9月2日周日下午，西奥·安哲罗普洛斯在他的雅典办公室内用希腊语回答了我的提问。希腊电影中心的乔治·卡洛耶罗普洛斯（George Kaloyeropoulos）作为中间人，后来又誊录了这些回应。由史蒂夫·丹多洛斯（Steve Dandolos）和斯特凡诺斯·帕帕扎卡里亚（Stefanos Papazacharias）翻译。

问：您在二十年间已经制作了八部一流的故事片，您的影片在欧洲国家和日本已家喻户晓，而且多次获奖。但是，在您2月份到纽约现代艺术博物馆举行完整的回顾展之前，只有极少几部影片在美国上映，还只是零星放映。直到本月，您的两部影片（一部拍于十五年前，一部是最近完成的）才最终进入商业发行。尽管国际上认可您与安东尼奥尼、沟口健二和塔可夫斯基这样的大师齐名，但您的作品几乎不为美国观众甚至影评人和学术界所知。在我看来，我们的首要任务，是探明您制作电影的方法与美国模式的不同之处，尽管我知道，您十分熟悉 20 世纪 40 年代至今美国流行的电影类型和导演。我最感兴趣的是，相较于典型的美国导演，您的推动力和方法有何不同，请您描述一下。我希望您能谈谈，您在六年间制作的三部影片，即《1936 年的岁月》《流浪艺人》和《猎人》，为何都在探索自您出生以来那二十年的希腊政治史。没有哪个美国人会做这种事。仅以迈克·尼科尔斯（Mike Nichols）为例，他首先根据爱德华·阿尔比（Edward Albee）的剧作《谁害怕弗吉尼亚·伍尔夫？》（*Who's Afraid of Virginia Woolf?*）拍了一部影片。然后将约瑟夫·海勒（Joseph Heller）的《第二十二条军规》（*Catch-22*）改编成电影，接着又拍了《海豚之日》（*The Day of the Dolphin*）。您能帮我们让美国观众做些准备，从而欣赏您这一类作品吗？

答：首先，我觉得任何人都不能绝对肯定地说，美国电影和欧洲电影间存在界线分明的差异。但无论如何，解放后的最初几年间，即从 1944 年开始，在希腊能看到的就只有美国电影，因此这是我那代人能看到的第一批电影。我知道，像安东尼奥尼、费里尼或是维斯孔蒂这些更年长的导演受法国电影的影响多于美国电影，或者我应该说，他们是在对这两种电影都有了解的情况下，开始了他们的职业生涯。

不管怎么说，欧洲在战后首次感受到美国电影的冲击。

美国电影对侦探故事、歌舞片、社会剧和剧情片的偏好，以及讲述这些故事时使用的特定叙事方式，都颇受大众青睐。因此，美国电影影响了战后第一代人，即我自己那代人，或许还有我的下一代人，可能再下一代也受其影响。20世纪50年代末，在法国爆发的"新浪潮"，对像我这样的人而言，代表着发现了另一种选择。

真正打动我的电影是戈达尔的《精疲力尽》(*À Bout de Souffle*)，一个伪装的侦探故事，用完全不同的方式写成。约翰·休斯顿 (John Huston) 的经典侦探故事写作与戈达尔迥然不同，但对我们而言，戈达尔通过展露另一种类型的叙述，给我们以恰如其分的激励。当然他并非绝对原创，他的这种选择也不是唯一的选项。在他之前是意大利新现实主义，还有安东尼奥尼电影中与"时间调配"相关而截然不同的一种写作方法。此外，对我们这些试图沿袭的人来说，还有日本电影的影响。所有这些电影类型大体上为我们展示了电影写作和电影制作的很多选项。不知不觉中，我发现自己做出了某种选择，虽然必须得说，我最初的知性经验源自文学。因此，就文本而言，我已经为一种截然不同的话语做好了准备。我主要阅读欧洲巨匠的作品，也阅读那些在希腊颇负盛名的美国作家的作品，从惠特曼到海明威、斯坦贝克、福克纳和多斯·帕索斯 (John Dos Passos)。有意思的是，历史上的美国作家总是努力跟欧洲作家产生关联。但这种情形并未发生在电影界。欧洲文学与美国文学的关系要比欧洲电影与美国电影的关系更为紧密。

当然，希腊文学，确切地说是希腊悲剧，是我最初接触到的戏剧，对我产生了巨大影响。我努力在所有这些经历和体验的助力下做出自己的选择，很快我得出结论，认为故事与写作过程同等重要。顺便说一下，很多时候，写作过程最终会成为电影的故事。因此，我讲述的故事与讲述这些故事的方式对我而言同等重要。

二战前不久出生的我，不可避免地被历史打上了烙印，特别是我自己国家的历史烙印。二战前的独裁，接着是战争及此后发生的一切：内战，然后是新的独裁。我不可能摆脱自己的生活和经历。在尝试去理解这些的过程中，我基于历史或是基于对历史的反思来制作影片。我也很自然地深入挖掘自己的过去，以期在一个地方的历史中界定自己的故事。1967 年至 1974 年希腊独裁期间，我突然经历了这种冲击。作为孩童所经历的与父亲相关的一切，他被捕入狱然后被判死刑，还有许多其他事件，所有这些都涌回到我的思绪中，成为在母国历史语境下审视我个人历史的素材。

问：我们的观众相当熟悉——比如英格玛·伯格曼的作品，他像您一样，自己创作所有剧本。您也跟他一样，在所有的影片中使用一位固定的摄影师，您用的是乔治·阿瓦尼蒂斯，您也倾向于与相同的演员团队合作，但我觉得你们两人之间有一个很大的不同。他创作剧本时会考虑表演者，但您不是这样。还有，他的作品表达了他个人的精神压力，甚至是神经症（我无意批判），而您的作品更加聚焦于您自己国家的当代政治史，而且也以你们自己的文化史为中介，例如荷马、埃斯库罗斯、欧里庇得斯和索福克勒斯以及亚历山大大帝。我觉得如果您能参照伯格曼来界定您的手法（modus operandi），那可能大有裨益，这样我们就可以通过已知来了解未知。

答：我没发现我的作品与伯格曼的作品之间有何相似之处。我的影片不是心理学的，是宏大的；我电影中的个体没有被用于心理分析，而是被置于一种历史语境中。我电影中的角色通常具有鲜明的个性，呈现了史诗电影的所有元素，也可以说，他们呈现了所有史诗元素。在荷马的诗中，奥德修斯是一个精明的共谋者，阿喀琉斯勇敢且忠诚于友人——这些特征永不改变。布莱希特也是如此，他的角色高于生活，他们是历史或思想的载体。我电影中的人物没有像伯格曼的电影人物那样被分析、被拷问。他们更有人情味。他们寻找失落之物，寻找所有那些在愿望与现实断裂处失落的东西。直至晚近，世界史都是基于愿望的，想以这样或那样的方式改变世界的愿望。世纪之末的当下，我们意识到无论何种愿望都未曾实现，我无法解释没有实现的原因。或许使用彼时的那种方法不可能改变世界，但无论如何，失败的经历留给了我们，还有对永远无法实现之梦想的失望的余烬。我最近的三部影片反映了这种成为灰烬的滋味，并将对愿望的追求留给未来，留给下一套话语。我的写作与伯格曼的写作无关。他的影片中有一个强烈的形而上的元素，将对父亲这个形象的寻找与对上帝的寻找或是对上帝的否认等同起来。我觉得，在我的作品中，父亲这个形象本身不代表目标，影片的目的是去发现一个存在的理由。我的影片并没有那么形而上，而是以一种奇怪的方式，比伯格曼的电影更加存在主义。《塞瑟岛之旅》《养蜂人》和《雾中风景》这三部曲当然属于这种情况。

问：在您的历史三部曲（《1936年的岁月》《流浪艺人》和《猎人》）和第二个三部曲之间有一部《大佬亚历山大》。虽然这部影片部分基于史实，即发生在1870年的历史事件，当时一队英国游客在马拉松被希腊匪徒绑架，但影片很大程度上涉及奇幻元素，甚至是超现实元素。它重述了一个源自15世纪的广为人知的传说，讲的是一个等待解放者（一种救世主）的国家，然而这个解放者一出现，他就变为暴君。同时，它似乎是对当代独裁者的一个寓言式思考。这是在用其他方式探求历史吗？这种现实主义和超现实主义间的张力是否比最初看起来的对您的作品更重要？

答：《大佬亚历山大》是对权力和权威问题的哲学—政治反思，因此它代表了我前三部影片最终的苦涩结局。我早期作品中所有被认定为人类希望的东西，在这部影片中均趋于枯萎凋零，似乎是从内部消解了，这是悲剧性的。影片《大佬亚历山大》早在东欧剧变很久之前便提出了权力集中的问题，在这方面，它是这个地区社会主义实验失败的预言电影。当时我不能用其他方式讲这个故事，只能用神话形式。我不想利用原本的事实，因为这可能硬生生地背离诗意语言，而且我相信，电影首先必须是富于诗意的，否则它就不存在了。我崇拜的导演们的作品也是如此，像大岛渚、塔维亚尼兄弟，他们正在使用类似的方法，即借古喻今。

问：在我看来，您比世界上其他导演更愿意将角色置于一个独特的**地点**和独特的**时间**中。您的银幕毫无疑问与希腊的现实景象——石头、街道、墙、屋顶、天空、雨、雾——实现了共振。您的同辈中，传递出这种地方感的人即便有，也很少。但我觉得正是您对时间的感知和对历史的感知使您与众不同。您的第一部影片《重建》，基于新闻报道和法庭记录，是一桩真实谋杀案的再现；历史三部曲不言自明；甚至《养蜂人》中的斯皮罗斯，当他从希腊北部穿行到南方时，也像电影闪回一样想起早年的情景。虽然您认为这是一种重建，但您实际上将思想与现实和历史联系在了一起，当然，也通过不断地影射前面提到的经典，将您的角色指向希腊早期历史中的英雄。您如何解释这种敏锐的历史感，还有插入您电影中的这种"纪录片"特质？

答：我不想称这种历史感为"纪录片"特质。我宁愿认为这是一种希腊传统。如果我们回忆希腊经典，会注意到绝大多数经典与更为古老的神话有关，历史在这种语境下被用作连续的背景，独立于任何主题性关切。我对我们历史的依恋源自我是希腊人的事实，源自历史与希腊艺术特别是与文学的整体关系，以及在本世纪，历史与希腊电影的整体关系。多年以来，在我的国家，以非常规的方法对待历史是无法想象的；普遍的共识是唯一可以接受的态度。但在 1974 年独裁政权倒台之后，希腊迎来了历史—政治电影的真正爆发。这些电影本应在数年前完成。当然，我并不是指我自己的电影，因为早在独裁时期我便在探索这个领域。我是指希腊电影整体，在这些事情烟消云散之后才开始讨论，那就太晚了。同时，人们不得不承认，由于缺乏资源，希腊电影依赖于喜剧和星光熠熠的催泪片，市面上主要是闹剧和情景剧，以供国内消费。偶尔会出现带有真正悲剧元素的电影，像卡科扬尼斯的《斯特拉》(*Stella*)、孔杜罗斯的《龙宝宝》(*Drakos*)，它们基于民间传说，还有《秘密工作者》(*Paranomoi*)，也是孔杜罗斯的作品，它基于历史。

如果要谈时间，我们必须将其分为历史时间和"调配的时间"。通常，时间运动是通过闪回来实现的，即不试图去操纵历史时间，而通过剪切来达成。在拉斯洛·拜奈代克（Laszlo Benedek）执导的一部美国老电影中，从当前到过去的时间运动是在同一空间内通过简单的照明变换来实现的。在瑞典电影《朱莉小姐》(*Fröken Julie*) 中，时间运动是通过角色的个人回忆实现的，换言之，每当他们中的任意一个人回忆过去的时候，我们就被带回到过去。而我处理时间的方法是电影史上的首创。我本人的作品基于我们所说的集体记忆，不仅仅是集体的个人记忆，还是基于集体的历史记忆，是在同一空间内将时间混合起来，不是通过与个人相对应的闪回，而是通过与集体记忆相对应的闪回来改变时间，而且是在没有剪辑的情况下完成这个过程。时间变化是在同一镜头中实现的，让三四个不同历史时期共存于这个镜头的空间内，形成了一系列惊人的时间跳跃。比如在《流浪艺人》中，一名演员在火车上谈论小亚细亚时，他乘坐的火车穿行于二战刚开始的1940年。当火车停下来时，演员从火车上下来，直视着镜头，继续谈论发生在1922年的小亚细亚战争。而当他看着镜头说这些话时，那个时刻是当下，是人们每次观看电影时的当下。以此种方式，三段不同的历史时间，即当下、1940年和1922年，就被并置在一起。在另一个场景中，人们看到一队新组成的"流浪艺人"正在1952年沿街而行，渐渐消失在视野中，在那一刻，镜头变成全景，我们看到1942年一辆德国老爷车进入同一个镜头。随着镜头再次聚焦在流浪艺人们消失的地方，我们看到的是德军，在这个过程中镜头持续拍摄，没有任何中断。这就变成了以连续、辩证的方式来呈现不同历史时刻，但同时防止它们彼此间产生任何事实关联。因此，在观看这种场景时，由电影语言提供的第二种情绪，就被加入最初的情绪中。我是说，以我运用时间的方式，时间转换成空间，而空间以一种奇怪的方式又转换成了时间。我不知道我说的是否容易理解，但我的影片中存在着一种手风琴似的时空折叠，一种持续的折叠，为银幕上呈现的事件增添了一个不同的维度。

问：现在让我们来谈谈已经成为您作品典型视觉特色的长镜头、跟镜头、360度环绕镜头，以及所有那些让观众或"使"观众"真正"看到镜头及其具体持续过程的策略。您是怎么想到这种方法的？您的目的是什么？这与空间、时间或时空之间的互动有关系吗？这是否与您一些电影的时长特别长有关？也跟您选择将当代人物置于贵国文化历史语境中有关？

答：我作品的特色，首先源自我多年的观影经历。多年来，我观看了周围各种类型的电影，而且吸收了我觉得有趣的东西。后来，当我尝试写作和制作电影时，吸收的这些营养都回归我的创作之中，成为我的风格、写作和个性化作品。如果一定要解释，我觉得我对长镜头，即单镜段落的偏爱，源于我拒绝通常所说的平行剪辑，因为我觉得那是在生编硬造。出于历史原因，我接受所有诉诸此种蒙太奇的导演的作品，像爱森斯坦（Sergei M. Eisenstein），但这不是我喜欢的电影。在我看来，每个镜头都是活生生的生灵，有它自己的呼吸，包括吸入和呼出。这是一个不允许干涉的过程。它必须有一个自然的开始和淡出。

在当今电影中，那种所谓的"停滞的时间"——沉默和暂停——已经过时。这种在动作间发挥作用的未定义的时间已经消失了。于我而言，即便是沉默也需要以一种近乎音乐的方式发挥作用，不是通过剪切或死镜（dead shots）被编造出来，而是内化于镜头之中。我在长镜头中一直使用快和慢的内部节奏来表达一种仪式元素。《大佬亚历山大》是以类似于拜占庭圣餐礼的形式来架构的，在这种要于特定时间内完成的表演形式中，包含着仪式性元素。设计编排（choreography）这个词常被用于形容我的电影。我不想这么描述是因为面孔是无法被设计编排的。空间可以通过连续性动作——强迫这一空间像手风琴一样开合——来设计编排。剪辑是在镜头内部进行的，传统剪辑系统中可能需要十个分镜头的段落，现在变成一个镜头，这个镜头实际上可以被任意剪切为多个镜头，所以它包括那十个镜头。我这么做没有排除所谓"停滞的时间"，即沉默。

与每个场景都需要从多角度拍摄的美国模式相反，我觉得每个镜头有且只有一个角度。这在我看来是一个基本的游戏规则。我们还没谈到我使用固定镜头的方式。举个例子，我上一部影片（《雾中风景》）中的强奸场景是一个固定镜头，那场戏中的声音比我们看到的影像更有意义。在这个固定镜头中，声音发挥的作用是将节奏韵律赋予空间，同时创造电影之外的又一层意义。就像一幅画并没有在画框内结束，而是延续到画框之外。同样，为了解放观众的想象力，影片积极运用暗示的力量。这样观众就能在影片画面内为他们自己创造另一个画面。当观众在导演的想象之上加入他们自己的想象时，观众就成了积极主动的而非被动的存在。当然，您十分清楚在希腊悲剧中所有重要事件均发生在舞台上而不是幕后。对我而言，跟镜头通过摄影机的移动创造出一个类似于手风琴的折叠空间。空间的扩展与收缩取决于镜头和被摄物之间的接近程度；镜头内存在着一种持续的流动，能带来惊人的灵活性，犹如奔涌的水流。

拍摄《流浪艺人》时，为了创造持续的流动，摄影机始终在一条移动轨道上，即便有时只移动 10 厘米。360 度拍摄被用来突显电影中业已存在的环形概念的意义。在《大佬亚历山大》中，环形显然是所有形式的组成部分，它从古代剧场的环形舞台发展而来，所有的行为和活动都在那里上演。看看今天，当某人开始制作电影的时候，电影便是他的起点。而我那代人以一种截然不同的方式开始。我的发展轨迹受文学影响，从写诗和短篇小说开始，然后我才转向制作电影。因此，我受一个截然不同的空间的影响，在那里，写作是游戏的主导规则，所以我在电影中也找寻同样的东西。

问：您在水牛城的回顾展以《养蜂人》为开幕影片，我想就这部影片提两个问题，都与偶像或形象有关。这是您首次邀请一位重量级国际"明星"出演电影。马斯楚安尼在其参演的所有影片中均展现出一个独特的偶像形象，这是他通过其他很多作品逐渐形成的。您如何理解这个偶像？您如何利用这个偶像？同时，您如何重新塑造这个偶像？另一个问题涉及剧本成稿与实际拍摄过程之间的关系。每一个布置的场景就像蜂箱的不同面——斯皮罗斯的房子，他停留的那家旅馆，他童年时代的家，他的目的地，更不用说自动点唱机和卖汽水的货摊了。这种异常复杂的图像是在一开始便设计好的还是随着电影的拍摄而发展出来的？这个过程是怎么发生的？

答：我的意图是用马斯楚安尼，但要逆转他此前塑造的形象。我那时正在寻找一位可以主演这部影片的男演员。这个角色不能展现出任何精湛的演技，而要有种神秘且沉默的表演风格，我觉得这种要求与马斯楚安尼一直以来塑造的形象相反。我十分担心其他演员——主要是我在希腊认识的那些演员——可能会被这个角色身上的重担压垮，而马斯楚安尼恰恰相反，他肩负起了这部影片，这不仅因为他是一名好演员，还因为他将能这份压力化作一个形象。

有时我的电影是剧本的精确镜像；其他时候，剧本相当于笔记，因而拍摄过程极度依赖即兴表演。有些情况下，现实允许你即兴表演；而其他情况，你会觉得自己必须亦步亦趋地按照写成的剧本来拍摄。这完全取决于你可用的素材，根本不依赖于电影拍摄过程中周围的环境。迄今为止，我遇到的环境从极好到极坏的都有，差别很大，但这并不影响我想要做的事。比如，《雾中风景》是完全按剧本拍的，而《流浪艺人》从一些笔记开始。《塞瑟岛之旅》与原始剧本相差甚远，而《养蜂人》则与剧本很接近。

我写作剧本，并在那些跟我交谈的各种人身上测试，就像打乒乓球一样，他们或是扮演唱反调的人，或是扮演催化剂的角色。这种与其他人的对话对于剧本写作至关重要；这是一种持续发明创造的过程，只会发生在我与他们对话的过程中。《塞瑟岛之旅》中，我所写的第一个画面是大海中一个筏子上的两个老人，《雾中风景》里写的第一个画面是一座浓雾中的城市和一只驱散浓雾的手。

"Angelopoulos's Philosophy of Film", abridged version published in *The Buffalo News*, Sept. 16, 1990.© 1990 by Gerald O'Grady.

沉默如对话一样意义丰饶：
《鹳鸟踟蹰》

埃德娜·弗伊纳鲁（Edna Fainaru）/1991

问：您刚刚结束一次电视采访——仿佛我们已经踏入您本人的电影，里面的主角是一位电视记者。但您总体上好像并没有特别喜欢电视。

答：说实话，我最近尝试在电视上看《战舰波将金号》（*The Battleship Potemkin*），但根本看不下去。我觉得伯格曼的电影可能更适合在电视上观看。强烈的情感和大量的特写镜头，这些都是转换为小屏幕后能幸存下来的元素。但当一部影片大量使用沉默，当它是引人沉思冥想的，当影片中的风景跟对白一样重要时，电视就无法原汁原味地呈现这些元素了。我不只是在谈我自己的电影，对宏大壮丽的西部片来说同样如此。举个例子，每个人都问我的《鹳鸟踟蹰》中婚礼的那个段落没有一句对白，其效果完全依赖于绝对安静的影院。一丁点儿噪声，比如有人在椅子里动弹的声音，或者出现任何一点儿干扰，整个场面都会被毁掉。因为影片期望你倾听沉默之声，这种沉默如同所有对话一样意义丰饶。那么，坐在家里的电视机前，周围是孩子的哭闹声和电话铃声，你怎么能想象在这种情况下会有完全的寂静？

问：我相当惊奇地看到您选择了一个电视记者的视角来拍这部电影。对您来说这是不是有点儿太容易了？

答：事实上，我选择用电视记者的视角是因为这样可以让我做通常不会做的事。比如，特写通常不适合我的电影。但得益于电视摄影这种规避手段，我可以在影片中引入让娜·莫罗的两个特写长镜头，第一个是她宣布丈夫死讯的时候，另外一个是她声称电视摄制组带给她看的男人不是她要找的人时。我觉得特写镜头在这些场景中至关重要，但我不想为了插入这些特写而中途打断摄影机的运动流。取而代之的，我把显示特写的电视监视器（图像）插入摄影机拍摄的镜头中。让故事中出现一个电视记者还有其他原因。影片中他说他过去所做的就是拍人，这是对他职业的一种自我批判。而电影与电视不同，电影正努力超越这一点，去深入隐藏在故事表面之下及其人物背后的幽暗角落。

问：您的上一部影片《雾中风景》，是一部十分个人化和私人化的电影。而这次您似乎保持了距离，好像是为了保护您对这些事件的看法。

　　答:首先,这是一部不同类型的影片,场面更宏大,视野更广阔,角色更多。更何况它始终围绕一个失踪的人展开叙述,全程需要保留一种神秘感。出于这个原因,你永远不能太靠近这个人。在这种情况下,特写镜头可能是不道德的,是一种对隐私的侵犯,加之这个人拒绝透露自己的身份,因此更不能使用特写镜头。为了证实他后来的决定,同时把他留在事实与虚构之间的灰色地带,不破坏这种神秘感至关重要。

　　问:每一部新影片,您都似乎越来越关注流离失所者、移民、难民的命运。《雾中风景》中那两个孩子的父亲(我们在片中始终没有看到他)便是这类人。在《鹳鸟踟蹰》中您聚焦于一群难民。

　　答:移居他国,流离失所,以及那些被逐出家园、跨越边境寻求庇护的难民,这些都是我们这个时代最为迫切的社会议题。更不用说旧理想的破产,或是能为这些流浪者提供些许内在动力或目标的道德权威的缺乏了。《雾中风景》中的父亲是一个道德权威,但他失踪了。在这部影片中,没有任何道德权威。这不是观点问题,这是事实。如今,电影更倾向于忽视这个裸露的、溃烂的伤口而看向别处,比如,那些不为世界所接受的身陷危机的艺术家等等。制作一部关于艺术家及其模特的电影,那是法国版的看世界。奇怪得很,现在转向政治和社会议题、处理种族主义题材并面对现实的是美国人。

问：您是想暗示所有人在某种程度上都是我们自己土地上的移民？

答：是的。我认为我们所有人都是从一个地方迁徙到另一个地方的候鸟。说实话，我经常觉得我在自己的祖国是个异乡人。有时，我想就像影片中的马斯楚安尼那样公开声明，我在自己的祖国是一个政治难民。

问：您影片中的难民住在河边的大篷车里。一切似乎都整装待发，开始下一次迁徙，但每个人都被困于一隅。

答：的确如此。他们每个人都想在一个新地方开始新生活。马斯楚安尼说过一句话，十分清楚地表达了这个意思。他说："我们跨过了另一条边境线，为了回家我们还要穿过多少条边境线呢？"当然，他指的是真正的家，一个真正让人觉得全身心都有归属感的地方。在我看来，这句话概括了整部电影。这就是在我早期影片中找不到的存在主义。

问：您在整部影片中一直都在提 1999 年，似乎它有什么象征意义。

答：那是个迷思。就像《雾中风景》中德国这个抽象概念一样，那是两个孩子历经艰辛要去的地方。1999 年，应该是一个新时代的开端，届时整个世界共享一个梦想，而不是他们现在所拥有的众多个人化的、微小的、血腥的梦想——无论他们是塞尔维亚人还是克罗地亚人，是希腊人还是土耳其人，或者是将人们撕裂而非把人们团结在一起的其他类似的梦想，这都无关紧要。几年前，我看过一部南斯拉夫电影，讲的是科索沃的一名塞尔维亚男子与一名穆斯林女子之间的爱情故事 [1]。我知道还有一部类似的以色列电影，是关于一名以色列男子与一名阿拉伯女人的故事 [2]。这是这个世界必须摆脱的一场瘟疫。我们正在重返宗教战争。就好像在又一个千年之末重返十字军东征一样，这很荒唐。

问：谈到宗教，《鹳鸟踟蹰》在希腊拍摄的过程中，一直有一种流言蜚语如影随形。有谣言说影片亵渎宗教，但看了这部影片，很难理解他们说的是什么意思。

答：这些流言蜚语都是一个人搞出来的，他就是我们拍电影的那个小镇弗洛里纳的主教。后来我有时间反思和考虑这件事，我现在怀疑他当时是担心自己的权威受到影响。按照惯例，每个到访那个地方的政客和公众人物都得去他那里向他表达敬意。没有他的支持，任何事都无法在那个地方开

---

[1]　指《无名电影》(*A Film with No Name*)，导演为斯尔詹·卡拉诺维奇 (Srdjan Karanović)。——原书注

[2]　指《窄桥》(*On a Narrow Bridge*)，导演为尼西姆·达扬 (Nissim Dayan)。——原书注

展，谁要敢违背他的指示，在那里就只能自求多福了。我给您举个例子，镇上有个人组织了一个不起眼的电影俱乐部，此人是一名药剂师，大约三十岁，在公开声明支持我的电影后，他立刻被列入了黑名单。镇上的居民被告知不要进他的药房，也不要从他那里买任何东西，他差点就破产了。没错，这种事在希腊并不常见，但有时的确会发生。

问：影片中特别关键的那个场景，即新娘新郎隔河相望的那场婚礼，当时唯有教会的支持庇护能让他们在一起，考虑到这个场景，就更难理解那个主教的立场了。顺便提一句，您的这场戏让我想起现实中那些类似的场面。戈兰高地的德鲁兹人[1]家族，他们一些人现在居住在以色列，其他人则住在叙利亚，他们周末在边境会面，在边境线两侧互相大喊着进行交流。

答：还有更多诸如此类的事。这部影片拍完后，我在报纸上看到了几张阿塞拜疆人的照片，他们来到阿塞拜疆和伊朗边境与家人会面。那里的边境线也是一条河，只比我影片中的那条河小一点点。我还可以告诉您，在我拍片的那个镇上，居民们告诉我，在1949年划定边界以后，阿尔巴尼亚人就禁止任何跨境交流。他们确实做到了，哪怕事实上边境线

---

[1] 德鲁兹人（Druze）是一个以宗教信仰和亲缘为基础的社会群体，主要分布在黎巴嫩、叙利亚和以色列等国。

常常穿过同一个家庭的土地，突然之间，他们发现与家人居然生活在不同的国家中。直到四十年后他们才得以重逢。接下来，在边境线的两侧，你会看到人们手拿旧照片来到这里，把照片拿给周围的人看，努力辨认出那些从未谋面的亲戚。这太可怕了。我不确信是否每个人都能理解这种悲剧。当法国人看《流浪艺人》时，他们对影片的推崇是纯知性的。而在其他地方，观影的反应是实在的。曾经有一次在广岛，当我参观博物馆时，一个陌生人走近我，是一个越南人。他说看过我的这部电影，影片内容就像他自己的家庭故事。他的反应完全不是知性的，对他而言，《流浪艺人》是他的家庭史。举个例子，我觉得意大利人比法国人在心理上更贴近这部影片，因为他们经历过法西斯、墨索里尼和德军的统治。至于英国人，他们被影片中的讽刺逗得很开心，特别是当这种讽刺指向他们自己的人民时。所有这些都证明了一部影片被接受还是被拒绝并不仅仅取决于它的自身价值，也取决于它是否适合特定的情感氛围，而这种情感氛围因地而异。

问：您先前的所有影片都以希腊神话为出发点，《鹳鸟踟蹰》是否也有类似的源起？

答：没有，这部影片没有参考希腊神话。

问：跟您此前的所有影片相比，这部影片似乎更明显地表现出您对政治和政客的克制和谨慎。

答：绝对是这样。这部影片拒绝了所有政治面向。当马斯楚安尼扮演的那个角色在影片中说："有时，如果我们要想倾听隐藏在雨滴中的美妙音乐，就必须要沉默。"他真正的意思是所有自命不凡的政治理论都是无用的，它们都在掩饰真正的生活乐章。

问：您何以得出这个结论？毕竟您的电影总是包含强烈的政治主张。现在您却接受了政治无用论者的观点？

答：我不接受这种观点，但我不得不面对它。我能做什么呢？长久以来，我们一直以为政治不是一种职业，而是一种信念、一种信仰和一种理想。然而近些年来，我已经确信政治只不过是另一种职业，仅此而已。

问：您的影片中有很多反复出现的主题，无论是您所描绘的人物与其栖居地之间的牢固关联，还是希腊北部的风景，甚至是似乎在您所有影片中都重复出现的结婚仪式。

答：对于您问题的最后一部分，可能原因在于我本人从未结婚。我有三个女儿，但从未结婚。对此可能有些弗洛伊德式的解释——会不会是我努力去补偿生活中所缺失的？无论如何，我承认这是我影片中反复出现的一个主题。这些影片中还有其他主题，比如孩子或是年轻人。但我不确定这些有多么重要。一些影评人告诉我，这部影片有 80 个镜头。可那又怎样，我知道自己的影片中有多少个镜头，但除了对研究者和电影分析者有意义,这真的还有其他意义吗?如果镜头数是 83 个而不是 80 个,这对于影片来说有很大的区别吗?

问:不管怎么说,不用研究者提醒就能注意到,这是您迄今为止色调最暗的影片。影片中的一切看上去都是深灰色的,似乎这种颜色是您这部影片的主色调。

答:对此,我必须坦承一个错误。为它在戛纳的上映准备正片时,我们估错了放映机的灯光强度。在我们的印象中,现场放映机的光更强,因此我们带去了一份暗一些的正片。给所有那些将来要放映这部影片的人一个建议,播放时的亮度不宜暗过《雾中风景》。我觉得它的主色调是灰色带点淡绿。

问:拍摄这部影片的过程中您到了希腊北部边境。接下来您要做什么,是要跨过边境到国外去拍片吗?您此前从未这么做过。

答:可能吧。我曾两次到过纽约,我得说这座城市给我留下了深刻印象,尽管我最初的态度是怀疑地拒绝纽约的一切。我确实想尝试在那里拍摄一部电影,内容是不同族群间的关系。

问:如果您拍这样的电影,那么它差不多算是您事业的自然延展。过去，您影片中的一切——景物、角色、故事——都极具希腊特色。这种情况在《鹳鸟踟蹰》中发生了变化，您在这部影片中关注的是背井离乡者。他们的国家身份是不确定的，唯一留下的是个人身份。也许是时候改变过去那种精确限定周围景观的做法了？

答：您看，在纽约我遇到了一些人，他们终其一生都生活在那里，而且不可能再去其他任何地方生活。然而，他们觉得自己流离失所，没有根，没有自己的家。出于这个原因，他们设法创造出替代故国家园的社区，比如希腊区、小意大利、唐人街、犹太区。为什么他们都觉得需要用边界将自己包围起来？

问：昔日的革命者，曾经满腔激情要改变世界，现在幻想破灭，于是安顿下来，有了家室，不再有反抗世界的激情。这样说合适吗？

答：不太合适。不要忘了，这类人物在《大佬亚历山大》中已经出现过了，当时我还深受1968年精神的指引，在那部影片中讲述了一个变成暴君的革命者。我并非特指某个具体的案例，而是要说明每个掌权者都面临着腐败堕落的危险。完成了我的首个三部曲（《1936年的岁月》《流浪艺人》《猎人》）之后，我需要五年时间去开始拍摄第二个三部曲，我称之为"历史的沉默"。《塞瑟岛之旅》有关历史上最后一个伟大理想——共产主义。之后，便只剩下向内观省，审视自我。

去正视身份危机吧，我们都是它的受害者，或者去正视萦绕在那些不敢再表达的人周围的虚空吧，他们不敢再说话，是因为除了推测历史的终结，他们没有任何新内容要讲。我的电影已经变得更加个人和私密，它们都有一个核心人物，我通过影片探讨其特点、个性和梦想。《养蜂人》在这个方向上更进一步，表现的是那时我正在经历的个人和职业危机。但我告诉您，我不仅没有像您所说的那样安顿下来——虽然我的声望可能正在提升，反而比以前更加反叛和不满。家庭根本没有改变什么。有了孩子意味着要思考未来。我为《雾中风景》写的第一个结尾是孩子在雾中迷失。但之后，我无法抵抗我女儿读到这个剧本时眼中流露出的悲伤。我与她妈妈聊过此事，她说女儿这样反应合乎情理。这是真的，我不是在编故事。人们无权捏造稀奇古怪的虚妄故事，剥夺开放式结尾给观众带来的些许安慰。我女儿一直问我："他们的家在哪儿？那个父亲在哪儿？"我无法给她一个合适的答案，但我努力以自己的方式来回答：把那棵树放在影片结尾。此外，我相信自己完全了解我们这个世界发生的事，我的电影说明了这一点。当然，我可以像博尔赫斯那样，宣称我是为了朋友和消磨时光而制作电影。但当博尔赫斯谈到朋友时，他们可能只是一对夫妻，或是几百人、上千人，抑或数百万人。我只能说我在广岛碰到的那个越南人极大地触动了我，这为我的想法提供了很多养分。顺便插一句，相同的事在我身上又发生过两次。一次是在蒙特利尔，另一次是在保加利亚，在那儿我遇到一个女孩，她父亲是希腊人，母亲是俄罗斯人，她无论去哪儿都觉得自己是外国人。她说《塞瑟岛之旅》就是她父亲的故事，一点儿都不差。我还可以讲更多的案例，一次是在希腊北部的偶遇，当时我正在寻找拍这部影片的合适地点，摄影师和布景设计师跟我一起。我们的心情很不好，担心在一个荒凉的小山村里这样游荡可能会迷路。那是夏季的最后几天，村里的农民，大多数是牧羊人，将要带着他们的羊群离开这里去别处过冬，只有一个人可能会留在那里，看守那个地方直到来年夏天。离开前，他们举办了一个小聚会。我们到那里时，大多数人已经走了，只有少数几个人还在，我们走进去时，他们像看怪物那样盯着我们。当时布景设计师又累又紧张，责怪我毫无目的地把他和摄影师拉到那种地方。其中一个牧羊人听到了我们的对话，问我是否真的是安哲罗普洛斯。当我说"是"时，他告诉我，他看过我的所有影片，然后转头问坐在他旁边的一个老头，是否还记得看过的那部讲述一个妇女杀死她丈夫的电影[1]。由于他们用的是当地俚语，加之那部影片的叙事不太常规，我怀疑他们是否真的看懂了。但他们两人都说十分熟悉这种故事，他们经历过类似的事情。这些来自世界不同角落的回应，对一个艺术工作者而言极其重要。我认为，对一些人而言，这只是满足了他们的贪婪，意味着卖出更多票。但对我们很多人

---

[1] 指安哲罗普洛斯的首部影片《重建》。——原书注

来说，这是活生生的证据，证明我们的工作并非徒劳，借此我们可以跨越千山万水去触及他人，那些像我们一样感觉和思考的人。

"Silence Is as Meaningful as Any Dialogue: *The Suspended Step of the Stork*", interview at Cannes Film Festival, May 1991. Excerpts published in *Tel Aviv Magazine*, May 1992. © 1992 by Edna Fainaru. Translated by Dan Fainaru.

民族文化与个人视野

安德鲁·霍顿（Andrew Horton）/1992

问：您最新的一部影片《鹳鸟踟蹰》谈及边界、难民，以及共产主义在东欧的衰落和苏联解体后发生巨变的世界，因而十分切合当下的时代。关于"难民"，您特别感兴趣的内容是什么？

答：马斯楚安尼扮演的主角在电影中说："成为难民不仅指外部境况，更是一种内心状态。"后来他又说："我们虽已跨过边境，但还是停留在这里。为了回家我们还要穿过多少条边境线呢？"

问：您会将它与希腊北方邻国——曾经的南斯拉夫——当前的形势勾连起来吗？

答：我们完全理解不了 20 世纪末我们为何互相残杀。职业政客们真的在乎吗？为了谋求政治利益，很多国家，包括希腊，正踩踏着被屠戮的无辜者的尸骸前行，希腊最近的一次杀戮——我指的是屠杀那些想离开家园的阿尔巴尼亚人——是为了谋求**政治**利益。我企盼的是世界上出现一种崭新的有远见的政治，这种政治绝非简单地平衡经济与军事。它必须是一种新型的人类沟通方式。

问：您影片中的一些影像和长镜头不同寻常，很难想象如何写它们的脚本。有多少是您在拍摄现场受到启发的？又有多少即兴创作呢？

答：我的第一部影片《重建》几乎百分百基于脚本拍摄。第二部作品《1936年的岁月》也十分接近剧本。但《流浪艺人》中有很多即兴创作。比如说，其中的一场戏是两个不同的政治团体以互唱对立歌曲而展开"对抗"，很多最终进入影片的表演来自排演时的临时发挥。在另一场戏中，演员们冒雪沿路而行，边走边唱，互相追赶嬉戏，但剧本中对此只字未提，那只是两个场景间的一个切换镜头而已。是的，我受外景地、景观以及演员状态的影响。

我喜欢以剧本为基础，然后在此之上完善和扩展。《雾中风景》也十分接近剧本，但《塞瑟岛之旅》完全相反。人们可以看到，那是一部有关拍摄电影的影片，因而是一部"在制品"。影片结尾的整个场景，即主角和妻子漂浮在一块筏子上，都是即兴拍摄的。

问：通常认为，作为一位导演，您在拍摄和叙事风格方面与美国电影制作者相距甚远。但您说您很欣赏美国电影。

答：孩提时代我最早迷恋的是美国的类型片——西部片、歌舞片和黑帮片。情节片也还可以，但不是特别爱看。我尤其喜欢约翰·福特（John Ford）、迈克尔·柯蒂兹（Michael Curtiz），以及明内利（Vincente Minnelli）的歌舞片。

问：能再多讲讲您对好莱坞歌舞片的兴趣吗？

答：如果我们回到《流浪艺人》中"斗歌"的场景，我们会觉得它是一部歌舞片！我喜欢好莱坞歌舞片中极度风格化和源于生活却高于生活的那种无拘无束的自由。美国歌舞片会从现实场景转至剧场场景，像吉恩·凯利（Gene Kelly）在《雨中曲》(*Singin' in the Rain*) 中那样。我刚刚从我在爱尔兰的电影回顾展回来，整个国家，特别是酒吧里的人，完全充满了音乐感！因而我觉得歌舞片这种形式可以让我们把日常生活转化为某种**其他东西**。

问：《鹳鸟踟蹰》中您用了披头士的歌曲《顺其自然》(*Let It Be*)，一名角色在关键的一场戏中用英文唱这首歌。为什么在 1991 年专门选择这首歌？

答：因为披头士当时正在希腊和欧洲的年轻人中重新流行，我想传达这种氛围。

问：在俄罗斯，影评人和影迷们常常会谈到电影界的"精神"领袖，当然，其中塔可夫斯基独领风骚，因为他对人的本质和现代世界的精神匮乏做过深刻的个人省思。鉴于您的影片对希腊和现代生活多有质疑，您是希腊电影界的精神领袖吗？

答：我在希腊处于一种非常怪异的位置。只能说，我有狂热的死敌，也有狂热的追随者。我的电影伴随两代希腊人长大，我遇到很多人，他们告诉我或是写信给我，说我的电影改变了他们的生活。

问：在影片《雾中风景》中，一个希腊女孩在卡车后面被司机强奸了，但我们在影片中没看到任何强奸的镜头。现在多少影片中有写实的强奸场景自不必说——无论这些戏份是否合理，相反，您专注于事后以一个长而缓慢的跟镜头来到卡车后面，女孩慢慢坐起来，查看满是血污的手。您能讲讲是如何构思和拍摄这个场景的吗？

答：尽管这个场景出现在电影的中间，但我们是最后才拍的。这场戏完全是按照我写的剧本拍摄的，因为我十分小心地建构这场戏，以防给扮演那个女孩的演员塔尼娅·帕里奥洛古造成困扰。所以，我当然不想表现强奸的场景。即便如此，她还是不确定能否演这场戏。这就是我们等到最后才拍的原因。

问：在包括希腊在内的巴尔干地区，还有东欧和俄罗斯，很多电影都有十分残忍的强奸场景。人们并未从受害者的角度去审视它们，而是把它们作为一种可以接受的男性行为。在我们刚才讨论过的那个强奸场景中，您似乎是要打破一种大男子主义心态，并对女性表示同情。在影片《流浪艺人》中也有类似效果。

答：的确，我不想支持任何大男子主义的观点。事实上，我觉得任何明显以阴茎为中心的社会都令人不安。比如在希腊和意大利，这些长期以来一直以男性中心化而为人所知的国家，情况确实在发生变化。女性显然已经获得新自由。

问：男人们能接受这种情况吗？

答：当然无法接受！（笑）看看我的第一部影片《重建》，它是以一位女性（一个杀死丈夫的妻子）的视角来讲述的。在《流浪艺人》中有一个场景，一位女性嘲笑在她面前脱衣服的男性。我并不是说我是一个女权主义者，因为我反对任何正统的意识形态，但我的确认为，我们应该鼓励人们——男人和女人，黑人、白人或是黄种人——在事关自己的身体时要动动脑子。

问：很多电影制作人开始认为，在一个电视、录像机和计算机的时代，高度个人化的导演的电影时代可能会终结。一些人甚至认为电影时代会成为过去。

答：不会！现在的世界比以往更需要电影。要**抵制**这个我们生活于其中的日益腐化的世界，电影可能是最后的重要形式。很多人给我写信——我说的是各种各样的人，从普通人到政界、电影业、文化界和商界的重要人物——告诉我，我的上一部影片《鹳鸟踟蹰》是一部**必须**得拍的电影，因为它捕捉到了当下时局的诸多张力。要知道，在应对当下边境、边界、各种文化和语言的杂糅、那些无家可归且不受欢迎的难民等议题的过程中，我正在努力寻找一种新的人本主义，一种新路径。

问：但现在很多想看您电影的人会用录像带或在电视上看，而不会在电影院的大银幕上观看。鉴于您那种与人物角色相勾连的景观构图和位置构图，很难想象还会有哪个导演比您更受这种小屏之苦。

答：遗憾的是，您可能是对的。我本人不会让我认识的人用录像带看我的电影。我让他们都去电影院看。

问：从您精确的构图感来看，您是否受到拜占庭圣像画传统的影响？

答：当然，影响是有的。你不可避免地会受到成长地及其文化的影响，尤其是在特殊时期，像我经历的那样，当时教堂是我文化生活（不仅是与宗教相关的文化）中的重要部分，影片《大佬亚历山大》完全是一部希腊东正教或拜占庭风格的作品，因为它建构于许多东正教仪式的基础之上，结合了音乐、仪式和通过流血而进行的精神宣泄（catharsis）。当然，还有存在于这一切之中的圣像的作用。但此类东正教或拜占庭影响并非仅有的希腊影响。在《大佬亚历山大》中，我也利用了希腊皮影戏"卡朗治奥塞斯"（Karagiozis）的传统。在一些场景中，我丝毫不差地复制了"卡朗治奥塞斯"表演，包括其中操控亚历山大大帝皮偶的方式。

问：圣像传统中有这样一种意识，即其中的圣像组合起来，在一个教堂中形成一种"程式"，一个完整、统一的视觉序列。

答：当我们说"杂耍蒙太奇"（Montage of Attractions）[1]的时候，全球电影界就会想到爱森斯坦。然后才有了发展自格里菲斯（D. W. Griffith）的好莱坞意义上的"平行剪辑"。但我感兴趣的是我所认为的**场景内**蒙太奇。在我的影片中，蒙太奇不是通过剪切存在的，而是通过**运动**。我觉得可以通过**时间**或是**空间**上的连续镜头来创造蒙太奇。在我的这些镜头中，时间变为空间，空间变为时间。想想那些动作之间和音乐之间的"停顿"是多么关键。它们在制造整体效果方面至关重要。我电影中的场景都是一个个完整的单元，但它们之间的停顿才是真正将这些场景结合在一起的元素。或许

---

[1]　也译作"吸引力蒙太奇"，这一概念和理论由爱森斯坦提出并加以实践。

《猎人》是我最接近歌舞片的一部影片。你几乎可以像数歌曲节拍一样数那些场景的节拍。

问：您对幽默和喜剧的重要性有何看法？这是您作品中刻意加入的部分吗？

答：我信奉幽默，但它在我的影片中表现为讽刺幽默。比如说，在《流浪艺人》中有这样一个场景，茫茫白雪中，演员们慢慢靠近一只孤零零的鸡，因为太饿了，他们一起冲上去抓这只鸡。这么多人抓一只鸡！这多滑稽可笑啊！但这是黑色幽默。实际上，在《流浪艺人》中有许多这样的幽默。在《1936年的岁月》中也有大量的讽刺。这种讽刺幽默在《猎人》中也有体现，但更加隐晦。在《鹳鸟踟蹰》中，电视摄制组间的幽默和嬉戏玩笑只会使影片更加伤感，因为显然他们只想享受短暂的欢愉，不管身边发生多少惨剧。

问：以前您说过，您呈现的希腊——在黎明或是黄昏时（通常是冬天）拍摄的乡村、北方、被遗弃的村庄——是为创造出一个内心的希腊而做的努力。对此您还能再说点什么吗？

答：希腊有百分之四十的人口居住在雅典，这座城市和人们在这里的生活，是希腊生活的一个畸形形象。这是一幅有趣的图景，但不是真实的图景。要知道，若想突破雅典的日常生活感并看清其背后是什么，是很难的。如果只看雅典，那你会对希腊形成错误看法。这就是我在**另一个希腊**中工作的原因。我想看看我能否打破这个雅典式的现实。此外，像詹姆斯·乔伊斯在小说《尤利西斯》中描绘都柏林那样来描绘雅典，也是值得一试的。但那不是我的计划。我猜我不做那样的尝试是因为雅典属于我的童年时代，我不想毁了它！

问：如果我们考虑两类影片，一类致力于表现共有的群体感，比如约翰·福特的电影，另一种是那些突出主角的间离感的电影，例如踽踽独行的卓别林，那么您属于哪类？

答：当然接近于约翰·福特。《鹳鸟踟蹰》的结尾，我们看到很多人爬上电杆接通电线，这显然是关于沟通的，让人们彼此联络。

问：最后一个问题，您的电影都是有关远游和旅行的。您能谈谈您作品的主题或主要结构吗？

答：举个例子，《雾中风景》并不仅仅是两个孩子寻找父亲的故事。那是一段开启人生的旅程。他们在路上习得了一切——爱与死亡，谎言与真实，美丽与破坏。那段旅程只是一种表现方式，聚焦于我们所有人从生活中得到的东西。《塞瑟岛之旅》中的旅行只是根据前荷马时代的神话故事，对奥德修斯返乡的再创作。与但丁的版本类似，前荷马时代的版本说奥德修斯抵达伊萨基（Ithaca）后再次远航〔当然，尼科斯·卡赞扎基斯（Nikos Kazantzakis）也选择将这个神话呈现在他的史诗《奥德赛：现代续集》(*The Odyssey: A Modem Sequel*) 之中]。因此这部电影与其说是回家，不如说是离家。要知道，我对古代作品情有独钟。其实世间没有什么新东西，我们都只是在修改和重新思考古人最先思考的那些想法。

"National Culture and Individual Vision", from *Cineaste*, vol. 19, no. 2/3, December 1992.
© 1992 by CINEASTE.

荷马即是"心安之处"：
《尤利西斯的凝视》

杰夫·安德鲁（Geoff Andrew）/1996

即便是让你观影品位最大胆的朋友说出一部希腊电影，十之八九，他们沉思片刻，就会提到《希腊人佐巴》（*Zorba the Greek*），或者必要时也会提到《痴汉艳娃》（*Never on Sunday*）。然而，幸运的是，希腊电影并不都是老掉牙的梦呓，有关积极向上的海滩舞蹈、布祖基琴和女演员梅利娜·迈尔库里（Melina Mercouri）。虽然其电影业规模很小，但这片土地曾为我们奉献了荷马、悲剧以及首批哲人和历史学家，也催生了当今世界上最有特色、最杰出的电影制作人之一：西奥·安哲罗普洛斯。

西奥是谁？没错，除了在电影节或是偶尔在电视上能看到，他的作品很少进入人们的视线，因此这位年过六旬的作家兼导演从未得到他应得的认可。对希腊电影的偏见是造成这种状况的原因之一。他的关注点——现代希腊和欧洲的精神、道德及政治形势,其中部分透过古代神话典故来表现——对此也并无助益;他的风格也是如此——那种自然主义、布莱希特戏剧色彩和无言的梦幻,通过流畅的长镜头无缝整合为一体,这种长镜头的复杂性、优雅和大胆甚至超越了威尔斯《历劫佳人》(*Touch of Evil*)开头那个著名的跟拍长镜头。

　　然而,欣赏安哲罗普洛斯宏伟壮观的长篇巨作可获得丰厚的回报,例如1975年拍摄的《流浪艺人》,这可能是他当下最知名的影片,仅有131个镜头却持续了近四个小时。片中的希腊,不再是什么老套的阳光明媚的田园诗,而是灰暗萧瑟、散落分布的一些毫无特色的小镇,荒凉的卡车停靠站,肮脏的酒店房间和空空如也的广场;过去,遥远的和新近的过去,沉重地笼罩着安哲罗普洛斯的主角们——或是年事已高、幻想破灭的老者(如《塞瑟岛之旅》和《养蜂人》),或是离家出走的无父儿童(《雾中风景》)——伴随着他们的寻找之旅,寻找……呃,寻找某种目标感或是未来。时间在这些影片中极其重要:一个单镜段落常常不仅包括不同的地方、视角和人群,而且包括不同的时代(甚至,在《大佬亚历山大》中,跨越了一个千禧年)。结果至少也是富于诗意和发人深省的。通常,这些镜头美得让人心醉神迷,任何阴郁凄凉的色调,都被愉悦完美、细致入微的导演工作所抵销。你需要的仅仅是一丁点儿耐心:就像哈维·凯特尔曾对安哲罗普洛斯所说的那样，"您拍摄一个镜头的时间，塔伦蒂诺（Quentin Tarantino）都可以拍一部电影了！"

这让我们想起了《尤利西斯的凝视》，片中，一位希腊导演（哈维·凯特尔饰）在旅居美国三十五年后，回到自己出生的小镇，参加自己作品的回顾展。然而，他回家的真正缘由是个人性的：执迷于追踪马纳基亚兄弟[1]三部失传已久、具有传奇色彩的影片胶卷——在巴尔干地区首次拍摄的电影胶片，他开启了一次穿越阿尔巴尼亚、马其顿、保加利亚和罗马尼亚的旅程，来到贝尔格莱德，最后抵达萨拉热窝。跟安哲罗普洛斯其他所有杰作一样，影片超越了其背景的特殊性，探讨的是更普遍性的关切：国家边界（既有地理上的也有心理上的）存疑的本质，战争的徒劳，电影跟历史和政治的关系，对爱、纯真和个人身份感的无尽追求。这部影片既宏大如史诗，又极具个人特色，是这位电影制作人迄今最易理解和赏析的作品。

"近些年来，"和蔼可亲的安哲罗普洛斯说，"我一直专注于流亡与旅程的想法，既是内心的也是外在的——在这个缺乏梦想的世纪末的世界中，专注于做梦的可能性。现在，我们似乎只是日复一日地得过且过，很难真的去相信什么。对我来说，'家'不是你的屋舍，而是你感到和谐平静的地方，

---

[1]　指巴尔干地区早期的电影先驱亚努基斯·马纳基亚（Yanaki Manakia）和米尔顿·马纳基亚（Milton Manakia）。

对我而言是坐在穿过风景的车里,重要的不是抵达而是旅程本身。所以在影片中,主角的归家也是一次出发,是新旅程的起点。"

"我当时想制作一部跟《奥德赛》多少有些关系的影片,前去造访我的剧本合作者托尼诺·圭拉——我跟他已经合作了四部影片。我们一起讨论了影片应该与什么样的旅程有关。接着又聊起了巴尔干地区的种族冲突问题,正当我们交谈时,一位年轻姑娘来了,她是意大利雕刻家贾科莫·曼祖(Giacomo Manzù)的女儿派来的,给托尼诺带来了一份礼物。还有一封曼祖女儿的信,信中讲到曼祖曾经十分痴迷于尤利西斯凝视的目光,尤利西斯在其旅途中目睹了人类的整个冒险历程。这就是我们确定这部影片片名的过程。"

尽管安哲罗普洛斯否认电影在讲述的事件层面上具有自传性质(在电影剧本和剪报册中,凯特尔扮演的角色被叫作"A","因为我们必须得以某种方式称呼他"),但他确实承认影片"**在精神上**具有自传性质:它涉及我的一些想法,以及我关于巴尔干、电影和人类境况的疑问。我当然知道什么是内战——举个例子,我父亲在希腊内战期间被判死刑,虽然没有执行,我的家人最后却彼此分裂为不同派别。但我不是政治分析家。我不能说这一方好,那一方坏,我只是讲述人们所遭受的疯狂战争的恶果,不管他们站在哪一方"。

"巴尔干地区的问题很复杂,可追溯至很久以前的 14 世纪,当时各斯拉夫部落都在奥斯曼帝国的统治之下。帝国内部没有边界，但有战争，尽管不是**种族**冲突：是为了征服疆土，为了有足够的吃食。后来，随着部分地区从信奉伊斯兰教的土耳其人手中转到信奉天主教的奥匈帝国统治之下，再随着法国大革命带来了民族国家的思想，所有人，包括希腊人、塞尔维亚人、保加利亚人等等，都混居在一起，开始有了宗教和种族冲突。所以这是一段很悠久的历史。而一战是在萨拉热窝爆发的，所以，尽管很多地方看上去跟萨拉热窝一样，甚至被破坏得更为严重，萨拉热窝却成为一个象征，一个几乎有些神秘的地方。"

就像片中的主角一样，安哲罗普洛斯也对马纳基亚兄弟很感兴趣。兄弟二人在 20 世纪初游历巴尔干地区，并将他们所见的一切拍摄下来。虽然巴尔干国家强调彼此间的民族和意识形态差异，但两兄弟纪录片式的影像画面反映了这些国家间的文化相似性。因此影片中的"A"希望能在重新找回遗失的马纳基亚影像资料的过程中，重建自己电影凝视中的"纯真"。

"我总是被第一次出现的东西所吸引：第一批电影，或是某人的第一次电影体验。费里尼曾说过，当他第一次把眼睛凑在摄影机前时，他发现曾经看起来确定、熟悉的事物似乎变得陌生起来。这是真的。我记得的电影制作生涯中最早的画面源自第一部故事片《重建》开拍时，在一个古老偏僻的山村，到德国务工的一名男子刚刚返家，像阿伽门农一样，他被妻子和她的情人谋杀了。我去到那里：天空灰暗，细雨蒙蒙,几个身着黑衣的老妇转眼消失在葡萄园中,我听到有人在远处的咖啡馆里唱一首情歌。那画面,那声音,那落雨,"他笑了,"可能单单就那一刻便影响了我此后所有的电影。"

"至于我的长镜头——怎么说呢,有一些风格迥异的电影制作人,他们的作品我也很欣赏。然而有些风格上的差异,就像海明威和福克纳之间的不同,你不会去问他们任何一个人'你为什么用那种方式写作?'。那只是一种内心的发展演绎、内在的节奏。就我而言,我的风格只是尝试将空间和时间融会贯通的一种方式,目的是将空间**转化**为时间的流逝。比如,这部影片中有一个单镜段落,是在一个房间里拍摄的,但那根本不是处于真实的时间中:五年时间在一首短暂的华尔兹舞曲中转瞬即逝,那是一个家庭、是罗马尼亚经历的五年光阴,也是欧洲从集中营过渡到斯大林主义的五年光阴。此外,人们担心电影中有'停滞的时间'——如果镜头中没有足够多的动作,它们就会被剪掉。我想,在电影普遍朝着更高效的方向发展时,长的单镜段落确实与之背道而驰,但也总是会有不走寻常路的制作人,会走向另一个方向,例如沟口健二、小津安二郎、茂瑙、安东尼奥尼——主要是欧洲和亚洲的导演。但即便是在约翰·福特的一些影片中,你也能看到相当长的镜头,美国电影已经变了很多。"

这倒不是安哲罗普洛斯有多么**反对**好莱坞。实际上,他从一开始就热切地希望邀请凯特尔担任影片的主角,部分是因为"他拥有某些十分敏感的气质"，部分是因为安哲罗普洛斯被那种"要用我自己的方式使用好莱坞演员的挑战"所激励（或许是有意反转好莱坞通常从欧洲引进演员的这种交流方式）。尽管如此，他的影片在风格与主题上与现代好莱坞规范仍有明显的差别。鉴于其影片主角以怀旧的方式追求更为"纯真的"凝视，那么在电影已有百年历史之久的今天，他本人是否认为还有希望出现更纯粹、更严肃的电影？"就观众而言，欧洲*存在*一场危机，即美国电影在一些欧洲国家已经占据了 80% 以上的银幕。它就像一个帝国，使得我们正在从多个方面接受美国教育。我并没有特别反对这种状况，但我反对垄断。是我们彼此间的不同让世界有趣，如果世界变得千篇一律，那会十分枯燥乏味。"

"Homer's Where the Heart Is: *Ulysses' Gaze*", from *London TimeOut*, Feb. 14–21, 1996. © 1996 by TimeOut.

凝视中的人类历程：
《尤利西斯的凝视》

达恩·弗伊纳鲁（Dan Fainaru）/1996

问：让我们从一个简单问题开始吧：这部影片的剧本缘起是什么？

答：就像往常我开始写新剧本一样，我去托尼诺·圭拉位于意大利北部一个村子的住处找他，告诉他这次我想拍一部类似于《奥德赛》的电影。极好的想法，他说，但要怎么做呢？我们最初想拍与证券交易所有关的"奥德赛"。后来他出门去，买回来一本意大利文版的《奥德赛》，给我读其中的一些章节。当他读到尤利西斯返家而他的妻子珀涅罗珀没有认出他时，屋外响起了敲门声。一个女孩走了进来，说她是曼祖基金会（以雕塑家贾科莫·曼祖命名的基金会）派来的，带了一封信和一份礼物给我。礼物是尤利西斯的头像，信是曼祖的女儿所写。她在信中说，由于我是希腊人，她觉得我应该拥有这份礼物，并补充说她父亲的遗愿是找到一种雕刻尤利西斯凝视的方式，因为他觉得这种凝视的目光包含了整个人类的历程。当时我们正在讨论《奥德赛》，加之这突如其来的惊喜。托尼诺认为这是来自上天的信号，因此决定我们应该沿这个方向继续努力。

问：您的这部影片可以从几个层面去理解：20 世纪巴尔干地区的历史；从早期发端至今的电影史；一个陷入危机的电影导演的肖像；他对一个理想女人之爱的渴望；最后，这也是一部政治影片，涉及波斯尼亚最近发生的一些事件。

答：正如我讲过的，我的出发点是类似《奥德赛》的影片。我指的是那个神话，不是荷马的文本。与我之前在《塞瑟岛之旅》中用到的是同一个神话。在这个神话中，尤利西斯回到伊萨基，但并未在那里停留。不久后他再度离开并开始另一段旅程。这部影片本身是一个男人的个人旅程，即一个我们称之为"A"的电影制作人寻找摆脱危机之路，这不仅是他本人的危机，也是一整代人的危机。他质疑自己是否还能看清身边发生的一切，他是否还能创造，是否还有更多他能发现的东西，是否还有他要去创作的新东西。在很大程度上，他的危机也是我的危机。这部影片讲的是寻找马纳基亚兄弟原创电影遗失的三卷胶片，实际上也是穿越巴尔干和欧洲 20 世纪史的一次旅程，这次寻找带领我们横贯了电影史，而电影史恰恰也是我们这个世纪的历史。马纳基亚两兄弟不是虚构的人物；他们俩就像奥古斯特·卢米埃尔（Auguste Lumière）和路易·卢米埃尔（Louis Lumière）兄弟一样，是最先在巴尔干地区拍摄电影的人。这趟旅程并非只是寻找遗失的电影胶片本身，也是寻找这些胶片所代表之物，发现摄影机拍摄的第一个镜头的那种天真和纯粹，那种我们似乎已经永远失去的激动与兴奋。至于爱情故事，他的情感对象似乎换了四任，但总是相同的脸庞，由一位女演员扮演这四个角色。那张脸，那位令每个青春期少年都梦寐以求的理想女性，是他的浪漫理想。

问：您提到希腊神话，它似乎成了您大多数影片的源泉，但不知何故，希腊的阳光似乎对您的启迪不是那么大。

答：可能是这样的。我制作的影片中只有一部《1936年的岁月》充分利用了地中海的阳光，因为您所指的阳光并非希腊特有，而是所有地中海国家都有的。还有一部是1983年我在雅典拍摄的纪录片。这是仅有的两部我在明媚阳光下拍摄的影片。其他所有影片都是在冬天拍摄的，都浸没于雾、雨、雪和灰暗的天空之中。我觉得这符合我的个人倾向。我影片中的这些景观未必是希腊的形象——但在我看来，那是希腊的部分图景。

问：当您提到第一眼的纯真和原始的纯粹时，您意指的是什么？

答：我不是在谈论儿童或是老农妇的纯真。我所关注的纯真是指被发现之前的那种纯真。我们是否依旧足够纯真，感情上能面对一个奇迹并承认它是奇迹？

问：您是否觉得，在电影发展一百年之后，我们已经失去了这种品质？

答：我担心我们被淹没在太多影像之中。我们受到来自四面八方的电视图像的全方位轰炸，以至于我们不再具备那种能发现迎面而至的珍品的敏感。

问：您对电影院的未来也很不乐观。在这部影片中至少有两家成了废墟的影院。

答：只有一家吧，我记得……

问：还有一家，在前面一些，在约阿尼纳。

答：哦，对，您说得对。那是最初的马纳基亚影院，毁于1938年的一场大火，发生火灾时他们正在放映卓别林的影片。您知道，那时候，电影胶片是硝酸片基，极易燃烧。是的，有两家影院成了废墟，现在我想起来了，这是我几部影片中反复出现的主题，比如《养蜂人》中。让我们面对这样的事实吧，如今有更多的影院被改造成超市。在我们的村庄里，很多影院变成了马厩。看到这一切真让人痛心。我们知道欧洲电影近些年做得并不好，电影票房更低了。今日的影院不再是创意艺术家与观众相遇的专有场所。现在仍有一小部分精英人士还在寻找这种相遇,但广大民众更喜欢美国电影,在我看来,这些美国影片并非电影,而只是印在胶片上的图像。

问:电影之初的弗洛里纳插曲是真事。当地的主教动用他的全部影响力来阻止《鹳鸟踟蹰》的放映,因为他觉得影片拍摄过程中他被轻视了。放映是在一个临时剧场举行的,大多数观众被留在剧场外面,但他们为了听电影的声音还是待在那里——尽管当时有教堂的钟声响起来干扰他们。您参加了这次放映,一如您在全希腊许多城镇所做的那样,来帮助您电影的发行。电影制作者亲自参与到此类商业活动之中,这在当前电影界是必需的吗?

答:首先,我不得不面对这些问题并看清它们的本质。几年来我一直参加各类研讨会、大型会议和见面会,来讨论现代电影的危机。这成了一种很流行的活动。与会者中总会有雅克·朗(Jack Lang,当时的法国文化部部长)这样的人物和很多首屈一指的欧洲导演。每个人都认为电影处于危机之中,然后我们又一仍旧贯。我们不得不接受这样的事实,即当今美国之外的电影界状态也反映着我们所生活的世界。正是在这一阵地上,我们必须去战斗,以维护我们各自的文化、语言、民族传统和特征。如果欧洲想要保存其特有的形象和品质,那么至关重要的是集中力量去帮助电影界,为其自由表达提供所需的空间和方法。至于电影制作人，他们应该尽力使其电影吸引尽可能多的注意力。我就是这样做的，我与全世界的观众见面，当然，也包括在希腊各个角落的观众，跟他们一起讨论我的影片。但我意识到并非每个电影制作人都能这样做。

问：您提到过《尤利西斯的凝视》也是一部爱情片。但它真的是关于爱情或爱之不可能的吗？片中有一处您的主角说："我伤心哭泣是因为我不能爱你。"

答：这句话摘自荷马的《奥德赛》。尤利西斯被卡吕普索困在岛上七年，他经常会到海边哭泣。因为他没法爱上卡吕普索，他常常思念珀涅罗珀。他想去爱她，却做不到。事实上，在我影片的最后，主角再次与其初恋相遇。这是一部关于第一次的影片——第一次相爱，第一眼，最初的感情总是人生中最重要的。

问：片中您两次提到一座保加利亚城市普罗夫迪夫（Plovdiv），却用它的希腊名字菲利普波利斯（Philippolis）来称呼它。为什么？

答：是的，确实是这样的。腓力二世曾是马其顿国王，也是亚历山大大帝的父亲，他创建了这座城市，现在有很多希腊人还住在那里。保加利亚人改了这座城市的名字，但我知道他们现在正考虑改回最初那个古老名字的可能性。片中那个故事发生的时候,人们通常仍称之为菲利普波利斯而不管官方怎么命名。实际上,在边境口岸,当"A"用希腊名叫这座城市时,海关官员纠正了他的说法,称这座城市为"普罗夫迪夫"。

问:您这样做,是不是有意去表明形形色色的巴尔干人已经彼此融合,以至于他们现在成了一个民族?

答:在反抗土耳其人占领的起义期间,有些人梦想着巴尔干的统一,当然其中不包括土耳其。那时,土耳其人正用铁拳统治着所有巴尔干国家。从个人角度讲,我认为,在理想的未来,也可以将土耳其纳入这个统一的巴尔干国家。

问:您希望如何让世界其他国家理解巴尔干的形势?

答:不得不说,我在拍这部影片期间学到了很多,拍摄所用的时间和我们到过的地方远比您只通过看电影所想到的要多得多。我觉得任何自以为可以对巴尔干地区评论几句的人,最起码先要对这个地区做一次广泛深入的长途旅行,了解这里的人民和他们的特质,而且的确有很多需要了解的。有一首诗写道:"了解越多,爱得越深,爱得越深,了解越多。"[1] 我不是假装来分析形势,我只是将自己的情感和影片中角色的情感展示出来。当影片讲到第一眼所固有的纯真时,

---

[1]　出自著名越南佛教禅宗僧侣释一行。

并非仅指电影。它是指不带任何成见地再次审视这个世界的普遍必要性，就像第一次看这个世界时一样。要知道，看老电影的趋势（现在正在扩散开来），在某种程度上表达了对电影的纯真和早期电影观众的纯真的怀念。

问：在多瑙河上运送领袖雕像的过程在我看来是对宗教的双层指涉，现已成为世界范围内的重大议题。一方面，某类政治信仰分崩离析；另一方面，运送雕像的驳船庄严地顺流而下时，农民们在胸前画着十字。似乎这些农民迫切需要一种宗教信仰，但从不在乎是什么样的宗教信仰。

答：困惑迷茫已经占据了曾经被宗教信仰所占领的位置，它夺走了这些人最需要的"神奇助力"（magic assistance）——就像埃里克·弗罗姆（Erich Fromm）过去说的那样 [1]。这个片段源于我亲眼看见的一个真实场景，当时他们正在拆除这个巨型雕像并将其放到船上。载着一对夫妇的小船正穿过康斯坦察（Constanza）——罗马尼亚在黑海的一个港口。当那个男人注意到巨型雕像时，他站起身来注视着，惊得目瞪口呆。那个女人则用手遮住他的眼睛，在胸前画着十字。但是，我们不要忘了，从某种意义上讲，这也是一场葬礼，在这种情况下人们习惯于在胸前画十字。

---

[1]　此处指涉著名美籍德裔心理学家埃里克·弗罗姆提出的"神奇助手"（magic helper）概念，它代表一种外部权威，如上帝和领袖。

问：在您早期的影片中，您常常在一个镜头内频繁地从当下转至过去。之后您逐渐采用线性叙事。现在您再次使用闪回来表现无论是主角的过去还是他想象的其他人的过去。这是叙事方法的改变吗？

答：这部影片表现的是本世纪的历史，因此片中使用闪回是必然的。我的感觉是，在任何情况下，过去都是现在不可或缺的一部分。过去没有被忘却，它影响着我们当下所做的一切。我们生活中的每个时刻都包含着过去和现在，真实的和想象的，所有这些皆交融为一体。

问：影片的最后，我们看到您的主角在观看马纳基亚兄弟的影像，但我们一直没看到影像的内容。

答：这个问题有好几种理解方式。我确实拍摄了他观看的镜头，但最终我们决定不呈现影像内容，因为这太具体了。对我而言，他寻找胶片的目的是发现他自己，而这才是影片应该展示的。此外，由于我们呈现的是真实的人物，是马纳基亚兄弟，假装放他们的影像但实际放映的是其他东西，这会成为不必要的造假。基本上，"A"通过冲洗这些找到的胶片，已经达成了他的目的，那是他寻找过程的终点。至于胶片上是什么并不重要，可能只是永远不该放映的工作样片。此次旅行引导他们发现了今天的萨拉热窝，这才是重要的事。

问：在这部影片中您如何与凯特尔合作？他来自一种完

全不同的表演规范，讲着完全不同的语言，你们之间有过冲突吗？

答：当然有，凯特尔经过了演员工作室的培训，演出前需要很多时间来准备。马斯楚安尼曾说过："我是个孩子，给我讲个故事，告诉我要做什么，我就会去做。"凯特尔根本不在乎表演方法，他就是方法本身。举个例子，他一直试图推迟《尤利西斯的凝视》最后一个场景的拍摄，这场戏发生在一个被毁坏的电影中心的废墟上。听说这是影片的结局，他很惊恐。但最终我们再也没有其他镜头可拍，不得不开始拍摄这场戏。我们设置好场景，打好光，这时凯特尔说："西奥，请给我一分钟，我需要听一首辛纳屈（Frank Sinatra）的歌。"我们当时在雅典附近的一个小镇上，没办法找到他要的歌曲唱片。最后派了一辆车去把唱片拿过来。他把唱片播放出来，回到自己的空间，接着我听到悲痛的哭声，他像个孩子一样号啕大哭起来，边哭边打电话给妈妈。可能那首歌让他想起了他母亲吧。我们一直等到他走出来说已经准备好了，我们拍了那个镜头。但由于之前哭得太伤心了，所以当时他完全没有感觉。我指出这个问题并对他说："我们刚才依了你的办法，现在应该试试我的办法。"我随即把片场的每个人都打发走。陪伴凯特尔的有一个私人助理、一个健身教练、一个对白指导、一个精神科医生，一整个团队。他的助理走过来问我："您的意思是，哈维也得离开片场？"我说："是的。"凯特尔一言未发地走了。当现场只剩下我一个人时，我开始以最大音量播放影片的音乐。片场外，他们都在认真听着。音乐放完后，我让他们都回来。凯特尔发飙了。他冲我走过来，大声向我吼着，"去你妈的，你以为你是谁，上帝吗？你不尊重别人……"，就这么吼了一通。我感觉他想要打我。他走近我，继续用刚才那种方式对我讲话，但我没有让步。过了一会儿，他平静下来。我问他："你准备好了吗？"他几乎崩溃了，但又重新打起精神，然后我们就拍了那场戏。拍完后，埃兰·约瑟夫松（Erland Josephson）走过来拍他自己的那部分戏。好笑的是，我告诉他刚才发生的事，然后我注意到刚才还跟我一起大笑的约瑟夫松突然变得紧张起来。原来他注意到凯特尔从后面靠近我，而且正在听我们的对话。我一度担心会爆发第二次争执，但什么事也没发生。他只说了句："你很棒，伙计。"

问：人们很难称您为乐观主义者。影片中有一句话，是萨拉热窝档案馆馆长伊沃·列维说的："如果你只是为了寻找一部影片而踏上这样一趟旅程，你一定要么是希望满满，要么是绝望至极。"看这部影片时，我很好奇20世纪末的这种可怕景象是否可以被视为绝望至极的一种表达，还是终究尚存一丝希望？

答：我希望这既不是乐观的也不是悲观的，而是我们这个时代的忠实图景。乐观主义者通常不顾现实，他们编造虚假的理由，因为他们相信事情必定会好转。此外，悲观主义者唯一可以接受的结局是终止和自杀。在影片的最后，我的角色们暗示着"旅程还将继续"。这意味着对家园的寻找还将继续［"为了回家我们还要穿过多少条边境线呢？"在影片刚开始不久，一个声音问道，这是安哲罗普洛斯之前的影片《鹳鸟踟蹰》中出现的那句话］，家是我们最终可与自己、与身外世界和解的特别之所。寻找并未终止，影片也没有结束。用当代瑞典最杰出的小说家拉尔斯·古斯塔夫松（Lars Gustafsson）的话说："我们从未屈服，我们不得不继续。"

问：您如何解释自己对政治和旅行的迷恋，以及这部影片真的是一次旅行吗？您真的穿越了整个巴尔干地区来拍摄？比如，萨拉热窝的那个场景真的是在那里拍摄的吗？

答：我对政治和巴尔干地区的兴趣很容易解释。看看本世纪的历史，您会注意到 20 世纪的首个重大事件发生在萨拉热窝，现在，当我们接近 20 世纪末，我们再次回到萨拉热窝。这在一定程度上证明了我们一败涂地。我生活在巴尔干地区，自然与这些事件更接近，也比欧洲其他地区的人更加关注这些事。我想去萨拉热窝拍摄，但没能实现。万事俱备，只欠东风，我们都准备好了出发，在安科纳（Ancona）等飞机时，我们前面那趟航班被迫返航，因为那里的轰炸又开始了。但我们竭尽全力在银幕上表现萨拉热窝的概念、那里还在进行的战争以及被围困的城市。最终，我觉得在这种情况下，萨拉热窝的概念比在那里拍摄本身更重要。往往你来对了地方，但那个地方的精神是缺失的。我们在另外两个被这场战争摧毁的城镇拍摄了萨拉热窝的场景，莫斯塔尔（Mostar）和武科瓦尔（Vukovar）[1]，它们同样是这场悲剧的受害者。

"The Human Experience in One Gaze: *Ulysses' Gaze*", from *All Cinema*, a Kol Israel radio show, broadcast October 1996.© 1996 by Dan Fainaru.

---

[1] 前者位于今天的波斯尼亚和黑塞哥维那，后者位于今天的克罗地亚。

流逝的时光：《永恒和一日》

吉迪恩·巴赫曼 /1997

刹车发出刺耳的声音，一辆辆汽车在红色信号灯前猝然停下，在灰蒙蒙的塞萨洛尼基，城市交通混乱疯狂。这座城市位于希腊北部，曾经是历史遗址，如今是工业中心。

成群结队的男孩从各个角落蜂拥而至，挤到这些停下来的汽车旁，手拿脏兮兮的破布争抢着擦洗满是灰尘的挡风玻璃。其中有些孩子手持更豪华的工具：橡胶刮刷。嘈杂的争抢瞬间在这些四岁至十岁的孩子们中爆发。

一辆警车冲过来，车门飞快打开，一群警察冲过去抓捕这些卑微的违法者。只有一个孩子得以逃脱：一个路过的车主打开车门，让那孩子躲了进去，显然没有什么目的，只不过是一个手势，一点人情味。那个车主是布鲁诺·甘茨（Bruno Ganz），出来寻找活着的感觉，这可能是他人生中的最后一天。他预计当晚住进医院，拿不准自己能否活着离开。

问:我们每年至少见一次面,但每十年才记录一次我们的对话。到现在,已经历经了二十年的心境变迁和思想发展。您对我们现代日常生活中那些无解的问题怎么看?二十年前您告诉我说,如果一个人不能拍电影,那他至少还可以种西红柿、养蜂、收获蜂蜜。十年前的您,似乎比我现在看到的正在片场工作的您更悲观一些。您愿意谈谈作为一个人和一名电影制作者您在这二十年中的发展变化吗?

答:您知道,要谈论严肃的事情,最佳时间是在完成一部电影之后,而不一定是在拍摄期间,因为那时你还在努力形塑自己尚未成形的想法。但我可以试试。

问:您肯定不是那种带着不安感拍新电影的导演?

答:恰恰相反,我就属于那种永远都不确信的人,甚至电影拍完了还放心不下。我一直在寻找、寻找,从没停止。

问:我觉得那意味着电影制作对您而言代表着一种寻找。

答:一直都是如此。我觉得自己最确信的反而是最终最令我失望的电影。我觉得一开始越是自信,越可能会辜负自己,越可能会挣扎踌躇。

问:那么什么能给您带来安全感呢?或者什么给了您安全感?

答:我需要看到别人的眼睛。只有站在观众的视角,我才能认识到我制作了什么样的电影。没有这种参照和考量，没有他们审视的目光，我不知道自己做得好还是不好，也不知道我是否已经表达出了我心中的想法。

要知道，在拍摄的那一刻，当一切似乎都按照我想象的那样按部就班地进行时，我很满意。我觉得拍得还可以。但审工作样片时我就会禁不住说"该死！"，少了些东西，某种内在核心的东西缺失了。有些是我没想到的，有些是剧本中没有的。他为什么没跳？毕竟在让船离礁石很近的时候，我本来希望他会跳的，但布鲁诺没跳。话说回来，我没有告诉他要跳，我只是默默地希望他跳。

我很难正确估测演员心里到底怎么想，甚至无法判断整个制作过程中每时每刻所发生的细节。我无法足够早地判断真正的实质是什么或将会是什么，而这些实质能为电影创作提供有益元素……

问：那您怎么能完成一部影片呢？

答：我完成不了。如果您认真看我的影片，您会注意到的，我的影片从未真正结束。对我而言，它们都是"进行中的工作"，就像建造之地。您知道我为同一部影片写过多少部剧本吗？拿这部影片来说，我们现在拍摄的是第十六版剧本！拍摄的同时我还在写。我不停地修改、增补、删减，从没停过。

问：那是因为有些东西在拍摄过程中慢慢活了起来，有了它们自己的个性吗？这是不是一个神奇的过程？

答：您说得太轻松了：**神奇**。那是什么意思，**神奇**？你如何在夜深人静时解释它，**神奇**？你如何表达它？拍摄过程中，你选择什么样的影像来表现**神奇**？

问：但那正是最重要的问题所在！"选择影像"……将话语转化为图像——这不正是电影制作的全部所在吗？

答：那是一个痛苦的过程，其中会有失落，但你会胜利。在这个过程中，会有一些合适的画面、场景通过恰当的影像表达而变得鲜活起来，但也有一些场景在具体化为影像后会有所损失。你不能像写文学作品那样"写"影像。费里尼曾讲过，当他在这个转换过程中遇到麻烦时，他会坐下来**写**影片的场景，就好像那是一部文学作品。这样一来你**读**这些作品时会很容易。但那不是电影。对于电影，我不得不找到正确的方案，正确的电影拍摄方案。当然，这才是最困难的。

问：那么，您如何写您的电影？那些带有极长镜头的电影？

答：我写很短的句子。人人都知道我拍的场景很长，但只有我最亲密的合作者才知道我用短句子写这些长镜头，跟海明威差不多。

问：您是描写场景还是只写对话？

答：我以散文的形式写，像短篇小说。我不准备专门的脚本。实际上，可以把我的剧本当作文学作品出版。我现在就是这么做的。从这个意义上讲，我以前根本不写。我的电影《流浪艺人》根本就没有剧本。我只有一些包括要点的笔记，里面也有动作和历史事件。但直到最后一刻，我才知道，比如说，如何从这一段转接到下一段。那部影片中有很多"悬而未决"的问题是我们在拍摄过程中解决的。

问：在拍摄过程中，而不是在剪辑过程中？

答：是的，是在拍摄过程中。要么是在某个场景拍摄的前一天，要么是拍摄前两小时。灵光一现！解决了！

问：是否每个场景都有一个具体问题？

答：总会有一个解决办法，从而解锁这一场景。你必须得找到它。但有时你就是找不到。在我的《流浪艺人》笔记中，有一页白纸，上面只写着"1939—1952"。我真的不知道如何通过一个影像来把那个时期的变迁表现出来，最终在拍摄这一场景的前一天我找到了办法。

问：尽管如此，您是否仍然觉得写作更容易一些呢？

答：写作确实更容易。首先，你是独自一人在写。你可以偷偷塞进一个形容词，或是去掉一个形容词。而在拍摄时，你移走或是加入每个元素都需要谨慎权衡和决策。此外,现场有很多张面孔,表演者、演员、人群。还有环境、条件以及某个特定早晨的心情。正如您今早所见,由于布鲁诺和那辆车的这么一个场景,整个城镇都哗然了,因为他们不得不关闭一条主路,这导致了愤怒、延误……除此之外,时间线上的每时每刻都得有其氛围,有其独特的情绪。比如说一个坏心情,不适合你的拍摄场景但又无法调整。

问:当然,写作时那种愉悦的孤独感是不是也随之消失了?

答:是的,你暴露在所有这些人面前,你不可能单枪匹马做电影。这当然也能使你接触到这些人的优点和不足。"合作者"的真正含义是什么?这是一个每时每刻都会有不同意义的词。

问:于是您就得面对电影制作过程中所有常见的妥协了。

答:是的,拍电影时你不再是孤军奋战。写作时很多事皆有可能,必须在孤立无援的情况下马上决定。这也是我现在爱上写作的原因——你可以自由畅想一切,可以杜撰一切,创造一个完全属于自己的世界。

问:有些电影制作人一直拒绝将电影视为一种艺术形式,因为电影无法被个人控制。今天,有了数码设备,这些制作人觉得电影可能会"再次"成为一种艺术形式，因为单独的个体完全可以——他们这样认为——单枪匹马地制作电影。当自己无法亲力亲为所有事情时，你总是会被迫做出某种妥协，所以最后的结果就不会完全精准地如你所愿。您信任这种新方法吗？您觉得借助这些方法真正的个人艺术可以"重新"成为可能吗？又或许您觉得从来都是有可能的？

答：特吕弗（François Truffaut）曾说过，我们比我们自己制造出来的东西更聪明。在意识到妥协不可避免的情况下，他还说，当你成功地以自己想象中的方式创造出了想要的一切，那种感觉就像买彩票中了奖。但事与愿违的状况往往会纠缠你一生。事实上，随着时间的推移，你会与这种南辕北辙的情形，与这种不可避免的障碍达成某种和解。你会更加欣然地接受自己的影片。痛苦的是制作电影的那段时间，紧接着，还有呈现影片的时候，比如参加电影节，或是在"普通"公众面前放映。

问：对您而言，电影到了那个时候是不是就算结束了？

答：没有。结束的是你跟其他人的关系，你个人与电影的关系并未就此结束。如果偶尔在某个安静的时候，你独自观看自己的影片，那才是你知道自己能否与之和解的时刻，也是知道你能否接受自己以那种方式制作它的时刻。

问：您对自己制作的某部影片满意过吗？是否与之达成

过和解？

答：如您所知，我并不常看自己的影片。看的时候，我当然能马上看出我不喜欢的东西，那些我完全可以不这么拍的东西。但也有些我一开始并不满意的影片慢慢展现出了生命力，现在再看时我喜爱有加。比如《雾中风景》，现在我发现这部片子是我制作过的最感人的影片之一——事实上，我深爱这部片子。

问：那部影片不是完全按您个人想法完成的，否则的话，您本可以更早就意识到喜欢这部片子。可能头脑是一种限制……

答：要知道，万事万物都是限制。只要我们讨论那些帮助或阻碍艺术家的事，以及讨论内容创作实际上是多么地有意而为之的时候，就会意识到这一点。

问：或者主题选择是多么地有意而为之？

答：您这么说是因为我拍了三部有关边界的系列影片——其中边界在某种程度上是核心主题？

问：我的意思是，选择主题也是一种限制。但与一些限制不同，那是您强加于自己的限制。

答：边界对我来说并非地理概念，我的意思并不是说在艺术领域中存在边界……边界只是这里和那里的分隔线，或是过去和现在的分隔线。片中的边界涉及生死之隔。它是一条分界线：一个垂死之人，他的最后一天。你如何度过自己的最后一天？在剩下的时间里还会发生什么？余下的这几个小时我们会做什么？你会回想自己过去的生活吗？或者你最终允许自己听天由命，任由机缘巧合的安排，听从某人，打开一扇窗，结识一个陌生人，从容接受命运的所有安排，接受意想之外的那些看似无关但实则彼此关联的林林总总？

问：在这里，是指与那个阿尔巴尼亚擦车少年的偶遇吗？这个被抢被卖的孩子，让您突然间负起了责任，而自己并不清楚这样做的缘由，也不知道自己是否有权利这样做？

答：是的。在这样的偶遇中会发生什么？它能催生什么？也许什么都会发生，也许什么都不会发生。现在，在我这个年龄，我觉得有必要开始花些心思想想死亡的事了。为了重新发现生活，为了以一种崭新的视角审视生活，清醒地意识到事实上你已经与死亡和解。

问：这个徘徊在过去和现在之间将死的男人，身上是否存在着对立统一的辩证关系？

答：他是个终其一生都忙于思考的人，思考他自己、他的工作、他的职业、他的女人们、他的诗歌……

问：他是一位诗人。这部影片的故事是基于真实人物的吗？

答：他是位诗人兼作家，在希腊家喻户晓。但这不是有关一个真实存在或曾经真实存在的男人的电影。他不是一个真实人物。他已经失去了自己的生活，因为他没有学着去认识到自己并非孤岛。他没有意识到他人在自己生命中的真正价值，没有认识到普遍意义上的他人的真正价值。

问：他没能理解的是什么？

答：他不理解真实的、真正的接触有什么意义。他从未花时间去真正地审视他人，真正地认识他人。在影片中也可以看到他过去一天的生活。

问：所以影片包括两天：今天和过去的一天？

答：是的。这两天以某种方式交织在一起。你看到他跟他的女人的关系，跟过去的关系，跟红绿灯前冲出来的小孩的关系，跟今天的关系。接下来你会看到一系列的告别。

问：所以在这部影片中，边界并不是一个实体。与那个小男孩是阿尔巴尼亚难民这一事实没有丝毫关系？

答：不，不。它是生死之界，位于包围着我们的这两条界线之间。

问：影片或其中的某部分是基于希腊神话吗？

答：它只基于这样的事实：我们表现的是一位作家兼诗人，换言之，某个文字工作者。在片中，亚历山大告诉小男孩另一位诗人的故事，他是一位在希腊家喻户晓的民族英雄，迪奥尼塞奥斯·索洛莫斯（Dionysios Solomos），生于扎金索斯（Zakynthos），在意大利长大，此后大半生不得不重新找回希腊语。从意大利回到希腊后，他购买了很多他不知道的希腊词汇，都是别人告诉他的。因为在他二十二岁回到祖国时，他想用希腊语写诗。那是在 1818 年前后，当时一场反抗土耳其人的起义正在酝酿之中，他想以自己的诗歌——他那个时代的浪漫方式——参与其中。他在一个小笔记本上记录下听到的词汇。他有那种但丁式的想法，打算将希腊语再统一起来。对他而言，语言意味着自由。海德格尔曾说，语言是我们的家园 [1]。与之不同，索洛莫斯努力用一种能成为此后希腊诗歌之源的希腊语写诗，就像但丁对意大利语所做的那样。当时用普通大众的语言写诗被认为是不（得体的）。

问：诗歌曾是精英特有的？

答：是的，绝对如此。索洛莫斯努力与这种观念进行斗争，今天他被认为是革新者。那时通常用我们现在所称的"纯正希腊语"（Katharevousa）写作。而索洛莫斯用我们今天所说的"现代希腊语"（Demotiki）写作，也就是普通大众所

---

[1]　海德格尔的原意是"语言是存在的家园"。

说的语言。

问：这个故事是怎样融入电影的？

答：我在某种程度上放大了这个故事，并略有改动。当我把这个故事写入剧本时，我以为这是那位诗人的真实故事。也就是说，他会给每个为他带来新词的人一些报酬，因此某种程度上说他是在买词。据说穷人们常去找他卖词语。我十分确信这些事实，于是我把自己如何将这一故事纳入影片一事告诉了一位研究索洛莫斯作品的专家。他惊呆了：这个故事根本不是真的。"您是从哪儿得到的这些荒唐想法？"他问道。我不记得我在哪里听说的了。但他收集大众的语言是真的，他为这些词付钱这件事不是真的。因此这里肯定有我的想象，因为这在我看来是蛮有诗意的想法，我就在影片中保留下来了。

问：您如何将所有这些内容融入亚历山大的故事？

答：那个小男孩看到亚历山大很伤心，为了安慰他，给了他一些自己收集的词语。男孩走出去，到普通人中间，每次回来都带回一个新词，把它告诉亚历山大，亚历山大给点什么作为报酬。这就像他们两人之间的一种游戏。其中有三个词语，是小男孩在影片结尾处离开时留下的，这三个词实际上表达了影片的精髓，似乎亚历山大整个一生都反映在这三个词语中。这三个词之一是"korfulamu"——这是一个很精致的词，它的准确翻译有点类似于"一朵花的心"，但在希腊语中它用于表达一个孩子睡在母亲怀中时的感觉。这是过去的用语，是我碰巧收集到的，在塞萨洛尼基的沙滩上。

问：另外两个词是什么？

答：第二个词是我从一个皮罗特[1]老船员那里收集到的，他把这个词告诉了我。这个词现在完全被人们忘了，"**xenitis**"，来自"陌生"一词的词根，意思是"一个陌生人"，在任何地方都是陌生人的那种人。"Xenos"表示陌生人，而"xenitis"是指发现自己处于陌生人状态的一类人，同时描述了作为一个陌生人的那种感觉，或者说是被放逐的感觉。

问：因此这些就是与他的人生道路相随相伴的词语。影片是以哪个词结束的？

答：第三个词是"**argathini**"，它的意思是"深夜"。这些便是亚历山大在与小男孩的游戏中收获的三个词，同时以某种方式评价了他度过的一生。这些也是那个小男孩离开时留给亚历山大的三个词。这三个词代表了他的人生路径，也概括了他的一生。

问：您是否想说，生活中我们一直都是自己的陌生人？

---

[1]　皮罗特（Pirot）是塞尔维亚的一座城市。

答:不一定是对我们自己而言,但在某种程度上是这样的。举个例子,我莫名地觉得自己在希腊是个陌生人。从我在这里生活的状态来看,好像我的房子不在这里,好像这不是我的家。这又回到马斯楚安尼在我的影片《鹳鸟踟蹰》中说的那句话:"我们虽已跨过边境,但还是停留在这里。为了回家我们还要穿过多少条边境线呢?"

问:在您的影片中,经常出现人们被一条河分隔开的场景,每个人都站在自己那边。的确,经常出现。

答:主要出现在我最近的三部影片中。

问:这是因为您本人觉得自己越来越被推至马斯楚安尼(在《鹳鸟踟蹰》中)所说的那种境况吗?

答:我越来越觉得自己根本不理解这一点了。话说回来,我也不觉得自己被误解了,这一点很重要。我会羞于这么去想。只是有越来越多的事情我不理解,仅我自己而已。但我会继续努力去理解,即使我看到别人已经停止了努力,或者其他人觉得理解是很简单的事。对我来说,更深入地理解一些事情变得前所未有地困难。而那是我作为电影制作人的工作:拍电影是为了更清晰地理解你意识中那些不甚明了的事情。

问:那就是您如何开始这份工作的,是吗?

答：是的。

问：所以说回来，我们可以认为您所有的作品都是一种探寻？

答：是的，这就是为什么我的作品都与旅行有关。即使像《永恒和一日》这样，讲述的只是发生在一座城市里的故事，也依然如此。于我而言，每部影片都是一次旅行，所有的一切皆为旅行，都是探寻。在旅行中理解自然而至。我认为在旅行中我设法理解了某些事，而没有这样的旅行——广义层面上的，这些事情我永远不会理解。所以到最后，我相信我终究是明白了很多事。

问：您认为，在您的人生之旅中，您总能逐渐更好地理解事物？还是有越来越多的事情您无法更好地理解？在这个过程中您增长了什么，是知识、同情还是困惑？

答：这因主题而异。例如，如果您想跟我谈政治，那我不得不告诉您，我对此一直知之甚少，到最后根本就一窍不通。顺便插一句，我认为大多数人都是如此，或者说，至少很多人是这样。但如果您要跟我谈人际关系，就没有什么理解或不理解的。事情就是那样。碰到什么样的人际关系，就必须接受那样的人际关系。接受它的缺憾，接受它给你带来的开心和痛苦的时刻。或许你唯一学到的，是后悔在过去的某个时刻未能更多地放过自己。

问：我们从小被教育永远不要放过自己……

答：确实是这样。我认为那种教育模式剥夺了我们的**灵活性**和适应生活的能力。我们变得太过僵化死板，完全不适应真正的生活。我们以错误的方法和错误的自我保护跟生活斗争。我们满脑子都是各种抽屉——"我的童年""我的青春"，而为了清空积压在我们心中的这些抽屉，我们需要时间，需要很长时间。除了那些不期而至的，还有那些我们无暇品味的东西。许多东西就这样与我们失之交臂，而且可能常常是那些最重要的东西，你就这样失去它们。

问：您提到的三个词，其中两个是表达感觉的，母亲的温暖及一个人在生活中总觉得自己实际上是陌生人。那"argathini"，"深夜"，表达了什么情感呢？

答：第一个词代表着与任何人之间的爱、亲密和亲昵，比如与你的母亲或你所爱的人。第二个词表现的是故事的存在面向，内心的精神状态。第三个表达的是时间。

问：（时间是）我们的敌人？

答：在我的影片中，时间是核心主题。诚如赫拉克利特所说，什么是时间？时间是在海边玩石子的小孩儿。[1] "Argathini"在这里的意思是，在与小男孩短暂相遇之后，时间已然流逝，

---

[1]　赫拉克利特的原话是"时间是一个掷骰子的儿童，儿童掌握着王权"。

现在重要的是要认识到这个事实。毕竟，这个词本身也是小男孩送给他的礼物。影片中我们也看到这个男人其他短暂的经历，你会觉得除了最后这次他生命中真正的经历，他只是那些短暂经历的合成体。

问：这次经历对他而言来得太晚了？

答：是的，这次经历来得太晚了。因为两个人都要离开了。片中有小男孩的告别，他藏身集装箱，打算偷渡去美国；接着是亚历山大自己的告别，至少是那种肯定要离开的感觉。

问：影片结束时他死了吗？

答：不，没有。他得去医院，但他拒绝了。这样他就拒绝了"正常"的结局。

问：一部部连续看您的影片，您是否发现其中有一个共同的趋势，可以说是越来越悲观，抑或是恰恰相反？

答：我真的认为这种趋势与您说的相反，它肯定没有朝着更悲观的方向发展。我片中的角色不接受合理性，这个事实表明他们首次允许自己放手。平生第一次他没有选择别人必然会走的方向。

问：无论如何，您没有责怪社会而是归咎于个人。

答：您的意思是政治？这场战斗一直都是自我之战，是自我反抗一切不正常、不公正和不可意料之事的战斗。个人必须始终与生活中的一切做斗争,因为现实中有一种错觉,认为生活里存在意义和目标。但生活没有意义,一切皆徒劳。这场战斗就是生活本身。我不再泛泛地探讨政治,我已经不理解这些问题了。

问:那么,对您来讲,从帕索里尼(Pier Paolo Pasolini)"诗意电影"(cinema di poesia)——可与安东尼奥尼提出的"散文电影"(cinema di prosa)相对照——的意义上看,电影制作是诗歌的一种形式吗?毕竟,我看到您对文学和诗歌有着浓厚的兴趣。

答:这个问题太大了。我只是觉得我足够幸运,可以制作自己想制作的电影。现在,在我人生的这个节点上,我只与自己创作的东西维系着关系。我没有任何期待,甚至不期望从电影本身得到任何东西(至于电影收益就不要提了——那一直都难以预料)。当我说我没有任何期待时,我的意思是,比如,我不期待任何反应,不期待影评人的反应,也不期待电影节的反应——不期待来自任何人的反应。我接受围绕影片发行所进行的游戏,但本质上那也提不起我的兴趣。越来越重要的是我与自己作品本身之间的关系,以及我与各种表达可能性之间的关系。这就是我寻找词汇的方式,寻找那几个能够表达和涵盖我所做的一切及我生活本身的词汇,那也是有一天我将留给身后人的词汇。

　　问：您是为某个人制作电影吗？

　　答：我把博尔赫斯那句众所周知的话推荐给您，他说："我为我自己、为我的朋友们写作，不管朋友是少还是多，我也为消磨那流逝的时光而写作。"[1]

"The Time That Flows By: *Eternity and a Day*", from *Film Comment*, July–August 1998.© 1997 by Gideon Bachmann.

---

[1]　原文如此，与博尔赫斯的原话有些许出入。

他的生命时光：《永恒和一日》

杰夫·安德鲁 /1998

在影评人大卫·汤姆森（David Thomson）深受好评的 1994 年版《电影传记词典》(*Biographical Dictionary of Film*) 中，他认为希腊电影制作人西奥·安哲罗普洛斯应该被算作少数几个仍在电影界耕耘的真正大师之一。这是在他壮丽的巴尔干史诗《尤利西斯的凝视》获得戛纳电影节评审团大奖的一年前，也是《永恒和一日》实至名归获得金棕榈奖的四年前。然而安哲罗普洛斯在电影节之外仍旧相对鲜为人知。虽然去年河畔回顾影展的电影票大多销售一空，但他仍旧被那些不熟悉其作品的人普遍视作一个令人"费解"的电影制作人。不是因为他的电影在故事层面难以理解——其实这些故事反映的多为简单的神话，而是人们怀疑，正是这些电影优雅从容的节奏（关于《永恒和一日》是在凑时长的玩笑铺天盖地）与其出处（希腊不是一个电影生产大国）的结合，

以及对生与死、记忆与遗憾、历史与身份、艺术与间离这些
宏大主题持久且不合时宜的迷恋，让那些期望电影更符合当
代快速且激烈的主流美学的看客望而却步。这是一大憾事，
因为大卫·汤姆森说得对：抛开偏见，安哲罗普洛斯将古典
主义与现代主义相结合，施下一道让人迷惑的魔咒，这在当
今电影界几乎是独一无二的。

从主题和风格上讲，其作品的关键是他对时空的独特处
理。自 1975 年凭借经典之作《流浪艺人》(计划今夏重映)
获得国际赞誉之后，安哲罗普洛斯逐渐将其大部分影片建构
为旅程，既是实际的旅行和精神之旅，也是地理与时间之
旅。相应的，其风格的决定性特征是"游历镜头"(travelling
shots)：在悠长而流畅的镜头中［这种镜头的复杂性，使得
影片《好家伙》(Goodfellas)中经常被引用的那个进入科帕卡
巴纳夜总会的长镜头相形见绌］，随着从过去(或者说实际上
是从个人幻想中)唤起的人物和事件转入当前现实之中，主
角就像摄影机一样穿越了时间和空间。其结果犹如梦境一般，
令人赏心悦目(流畅的摄影机运动，完美无瑕的构图，抒情
诗般的色彩运用，说明安哲罗普洛斯的摄影师乔治·阿瓦尼
蒂斯本人几近天才)，同时，作为一位极度自信又富于想象力
的电影诗人，他的鲜明特征也一目了然。这是人们倾向于把
《永恒和一日》部分视为其自传的原因所在。这部影片讲的是
一位病入膏肓的作家回忆旧日幸福时光，并在他离开家去面
对一个不确定的极其短暂的未来之际，与一位阿尔巴尼亚少

年难民相遇的故事。

"怎么说呢,"安哲罗普洛斯微笑着说,"拍摄这部影片的灵感,确实是我自己正在老去,加上近年来朋友们相继离世。我第一次有这个想法,是获悉演员吉安·马里亚·沃隆特(Gian Maria Volonté)在拍摄《尤利西斯的凝视》期间,在他的旅馆房间中去世的那个早上。前一天我还跟他在一起,当时他看上去很开心,在他喜欢的地方,与他喜欢的人在一起,研读他喜欢的剧本。他的离世让我感到疑惑:如果一个人知道自己第二天将不存于世,他会怎么样?在面对生死大限的时候,他会怎样起床,怎样喝咖啡?他会去哪里,做什么?"

"就这样,心心念念这些事数月后,另一个想法袭上心头:作为巴尔干战争受害者的那些被遗弃的孩子们的破碎人生。在拍摄《尤利西斯的凝视》时,我遇到过这样的孩子。我也想探讨一位诗人和语言的故事,思考一下海德格尔认为我们的身份无法与我们的母语分割的观点。接下来,当我去探访托尼诺·圭拉(是安哲罗普洛斯剧本通常的合作者)时,我意识到我只能有一个主题而不是三个主题。我们花了很长时间讨论,就像古代亚里士多德学派的学者那样,边走边讨论,最后把故事拼在一起。"

凑巧但也不幸的是,疾病和死亡总是萦绕着安哲罗普洛斯后期的影片。除了沃隆特在拍摄《尤利西斯的凝视》期间过早离世外,马斯楚安尼也被死神从他身边夺走,他在其早期影片《养蜂人》和《鹳鸟踟蹰》中担纲主演，是饰演亚历山大的最初人选，也就是这部新影片中的那位作家。"但当我去看望他时，"安哲罗普洛斯叹了口气，"他已经病得很重了。他原来一直充满生气，当时却犹如鬼魂，一切像是预示着他的生命将走到尽头。在遭遇沃隆特突然病逝的意外之后，我只是在想：这怎么可能。于是接下来我打电话给让 - 路易·特兰蒂尼昂（Jean-Louis Trintignant），他对出演这个角色深感紧张，犹豫不决，后来我还考虑过好几个演员，其中一些是英国演员，但语言问题一直困扰着我（安哲罗普洛斯的英语很差，我们的采访是用法语进行的）。这时有人提起布鲁诺·甘茨。我知道他是一名十分优秀的演员，而且像所有瑞士人一样能讲多种语言。但我想到的是他在文德斯影片中的形象，很年轻而且看起来又十分开放，根本不像南欧人！所以当时我不知道该怎么办。后来我在巴黎遇到了甘茨，我看到他时，他身着一件灰色长外套，胡须灰白，看上去就像他在我影片中那样苍老。于是我们在影片中原封不动地保留了他的形象……包括那件外套。"

如同安哲罗普洛斯的其他影片一样，《永恒和一日》[这个片名引自莎士比亚《皆大欢喜》(As You Like It) 中奥兰多说的一句话：他的爱将坚持到"比永远再多一天"(Forever and a day)] 融合了个人与政治：不仅是亚历山大的家庭生活回忆让他重温了希腊近期历史中的那些重要时刻，回想起那位创作了国歌并统一了现代希腊语的诗人索洛莫斯，而且与阿尔巴尼亚孤儿的相遇也反映了当下巴尔干地区的动荡局势。这两者的融合既具体又具有普遍性。

"绝对是这样的，不管怎么说，那是我的用意所在。我不能对身边的事漠不关心，例如科索沃正在发生的事情（本次采访是在 1998 年 6 月进行的）。就我关心的事情而言，我当然是十足的希腊人：每个艺术家都会深受其生养之地的影响，他的作品因而会成为某种精神自传。我们读的书，我们遇到的人，我们的童年和青春期——在我心中，这些是我们最重要的时光——都会进入我们的影片，战争之类的事也是如此。希腊内战期间，不仅我的家人分裂为共产主义者和反共产主义者，而且我的父亲被捕入狱并被判死刑。我九岁时，母亲带我进到一间堆满尸体的屋子，去辨认父亲的遗体。就像我会受到欢乐与悲伤、语言、风景等的影响一样，我怎么可能不深受那件事的影响？

所以，您说得对，影片总是会指向历史和当代现实，但我努力以一种诗意的视角去呈现。其他电影制作人可能会拍摄更加现实主义的影片，我给予尊重，但那不是我看待事物的方式。"

因此，《永恒和一日》不是干巴巴的意识形态宣传，而是对一个时代的焦虑做出诗意的隐喻式回应。比如那个孤儿，他不仅仅是个难民，也是亚历山大自己少年时代的映射，而且还是一位死亡天使，引导他穿越过去与现在盘根错节的迷宫，让他与这样一个事实相妥协：他的职业导致他常忽视家庭。影片中最后这一点是不是也反映了安哲罗普洛斯自己对于创作生涯的矛盾心理呢？他笑了。

"哦，西班牙作家豪尔赫·森普伦（Jorge Semprún）最近出版了一本书《写作还是生活》（*L' Ecriture ou la Vie*）……在家时，我女儿会说：'是呀，我们知道，你明天又要出门了，你忙这忙那，我们根本见不到你。'突然之间我发觉她长大了，懂事了。我错过了与她共同发现某些事情的机会。那些失去的时光是我为创作付出的代价，这让我很是伤心。

每次制作电影时，我都说这可能是我的最后一部影片，但接下来……这就像咖啡馆里的两个老头，正值春季，他们注视着匆匆而过的世界，特别是那些美丽的女性。他们看着一个女人走过去，消失在远处。其中一个老头说：'我们要这样多久？'他的朋友答道：'一直到死。'对我而言，这就像我跟电影的关系。"

"The Time of His Life: *Eternity and a Day*", from *London TimeOut*, April 28–May 5, 1999.© 1999 by TimeOut.

以我呼吸的方式拍摄:《永恒和一日》

加布丽埃尔·舒尔茨（Gabrielle Schulz）/1998

问：我印象中，您最近这部《永恒和一日》比之前的影片更加情感化和个人化。这部影片是否带有更强的自传色彩？

答：我的所有影片都是我生平和生活的组成部分及其表达，来自我的人生经历和曾经的梦想。其中一些更接近我的知识分子职业，其他的则接近我真实生活中发生的事。里面的词句是我从广泛阅读中获得的。《永恒和一日》并不比我的其他影片更具自传色彩，但它更加个人化，因为在这部影片中我更多地表达了我的情感而非思想。它自传性的一面可能更为明显，因为我近些年的影片都在探讨艺术家和创作过程中的危机。我觉得这部影片并不像我其他影片那样知性。如果您坚持那样认为，我只能说拍完《大佬亚历山大》之后，从《塞瑟岛之旅》开始，我的全部作品在一定程度上都是自传性的。实际上，我会把《大佬亚历山大》之后拍摄的六部影片分为两个三部曲。对我而言，《塞瑟岛之旅》代表历史的沉默，《养蜂人》是爱的沉默，《雾中风景》是上帝的沉默。《雾中风景》中那个小男孩曾问他姐姐："边界的意思是什么？"在接下来的三部影片中，我尝试去回答这个问题。《鹳鸟踟蹰》表现的是分隔国家和人群的地理边界。《尤利西斯的凝视》讲的是人类视野的边界，或者可以说是局限。《永恒和一日》讨论的是生与死之间的界线。

问：在这部影片中，您的主角，那个诗人亚历山大，深陷严重的危机之中。他不得不离开生活了一辈子的海边住所。他病得很重，知道自己可能挺不过次日入院后的手术治疗。在这种情况下他遇到了一个阿尔巴尼亚男孩，并与之一起开启了一段贯穿其生命重要时刻的旅程。您能描述一下亚历山大的内心冲突吗？

答：整部影片是穿越时间的一段持续的旅程，贯穿了过去和现在。现实与想象之间没有明确的边界，边界是流动的。亚历山大的旅程始于现实。他把男孩从专门贩卖孩子给富裕家庭收养的组织的魔掌中解救出来。但在某个时间点上，这段旅程变成内心之旅，比如当两人抵达阿尔巴尼亚边境的时候。您记得雾中那个镜头吧：有人悬挂在边境的铁丝网上。当然，边境看起来并不是这个样子。所有这些事件和图景只发生在亚历山大的想象中。这都是幻觉。带有这种威胁性铁丝网的边境是亚历山大心中的边境。那个男孩只是帮他面对内心的冲突，而且他给了亚历山大一个理由去游历生命的重要时刻，去回忆他与亡妻安娜共处的欢乐时光。

问：在一段独白中亚历山大说："很遗憾我一事无成。"在这个独白中您是在说自己吗？

答：必须承认，我从来没有以自己想要的方式完成过任何事情。总是有各种阻碍，要么是物质上的，要么是情感方面的，阻碍我，让我不能达到完全满意的状态。表面上看，亚历山大是个一事无成的人，但当他开始审视自己的内心世界时，他发现自己的雄心总是远远大于他所取得的结果。我也是如此。

问：您之前称，这对您来说是关于生死界线的影片。但人们会说《养蜂人》也是如此。

答：完全不是一回事。《养蜂人》中的主角决定赴死。《永恒和一日》中亚历山大希望找到可以让他超越死亡的桥梁，而且他相信，那座桥梁就是让他继续存活下去的词语，无论他的肉体是否存在。

问：时间本身对您有何意义？

答：时间是在沙滩上玩石子的孩子。我影片中的角色自由地游历时空，犹如时空不存在一样。最重要的问题是，"明天会持续多久？"答案是"永恒和一日"。如果幸运的话，我们或许能实现今天怀揣的未来图景。

问：谈到这部影片的演员选择，您是如何决定用布鲁诺·甘茨的，还有您是如何找到那个男孩阿希莱亚斯·斯克维斯（Achilleas Skevis）的？

答：最开始，剧本刚写完的时候，我心里为那个角色选的演员是马斯楚安尼。自从一起合作《养蜂人》那天起，我们就走得很近。他一直很失望没能出演《尤利西斯的凝视》，他似乎是片中那个角色的最佳人选。后来，当我在意大利遇到他时，他正在舞台上表演。我意识到他的健康状态太差了，无法完成这个角色。我没办法告诉他这些，所以最终是他自己说不演了。那是我最后一次见到他，不久后他便离世了。我在巴黎看到甘茨在舞台上扮演尤利西斯，莫名地觉得那是一个预兆。更重要的是，他看起来完全符合我想象的那个角色。至于那个男孩，我告诉过同事我想找一个有类似经历的人。我们找过很多男孩试镜，但不知怎么的，当阿希莱亚斯走进来时，我一下就知道有了合适的人选。而且确实，在整部影片的制作过程中，他不仅证明了自己是完美之选，而且也证明了他是一个真正的专业人士。

问：找不会讲希腊语的演员扮演希腊人角色，就像片中的甘茨那样，难道您没遇到什么问题？

答：跟马斯楚安尼的合作相对轻松。他一直坚持要在电影音轨中加入他本人的声音，而且他学会了用希腊语念对白。跟哈维·凯特尔的合作要复杂些，但至少他在《尤利西斯的凝视》中扮演的角色还有一个借口：他长年待在美国，因此大多数时间能讲英语。拍摄时甘茨讲德语，那是他用得最舒服的语言，我们不得不找一名希腊演员为他配音。事实上当我听到别人的声音从他嘴里出来的时候还是有些不安。

问：您之前的影片中有一个特殊的单镜段落，我记得特别深。是《雾中风景》中的一个片段，那个小女孩说："我害怕。""别怕，"那个男孩回应说，"我给你讲个故事吧！开始时一片混沌，然后光明就降临了。"此时，雾散了，远处的地平线浮现出来，两个孩子高兴地跑过去抱住了前面的一棵树。您试图通过您的影片为那种混沌带来光明吗？

答：是的，这是我拍电影的原因。我不是传教士，我不想教育人们；我试图从混沌中找到通向光明之路。我们生活在一个迷茫的时代，价值观已不复存在。忧郁伴随着困惑与迷茫。但人们自我审视的问题亘古未变：我来自哪里？我去向何处？都是关于生命、死亡、爱、友情、青春与衰老的问题。

您上面提到的那个片段的结尾，最初设计得相当悲观，我本想让孩子们消失在迷雾之中。但我的一个女儿读过这个剧本后问我，孩子们的父亲在哪儿？他们的家在哪儿？由于这样的诘问，我又修改了剧本，创造了一个更积极乐观的结局。两个孩子在旅程中经历了深刻的启蒙，他们学着去相信自己的世界，也学着去辨识那些第一眼看不穿的东西。

无论如何，对于我们是否有能力找到走出困惑时代的路，我感到悲观，也同样乐观。但我深切地希望人们能再次学着去拥有梦想。没有什么比我们的梦想更真实。

问：希腊的景观似乎是您电影中的一个核心主题。您像一位地形学者那样勘测实际景观，然后利用它们揭示您角色的情感景观。

答：很多希腊人反复问过我：这些景观在哪里？实际上，您在我电影中看到的景观并不存在。的确，一些景观是真实的。我一度游历了整个希腊，在旅途中发现了吸引我的元素———间屋、一条街、一座山、一个村。我把这些单个元素拼在一个组合的景观中，有时是颜色统一和谐，有时是形状相得益彰。在某种意义上，我像画家一样创造图像，从而将我的愿景投射到画布上。我不会自称是在描述现实，而是基于现实创建出自己的愿景。产生的结果是居于两者之间的某种样态。自始至终我都在问自己一个问题：我如何把个人体验转化为诗歌？

问：既然提到了诗歌，我记得您在《永恒和一日》中讲到 19 世纪诗人迪奥尼塞奥斯·索洛莫斯的奇闻轶事，他游历希腊,为自己的诗歌购买词汇。这个故事是真的吗?

答:部分是真的。索洛莫斯是个伟大的诗人,是爱奥尼亚岛上一个深受意大利文化影响的贵族跟一个地位卑微的女仆所生的儿子。他父亲希望切断其平民阶级的出身,在他只有九岁或十岁,还是个孩子时,便将其送到意大利一个修道院接受教育。他在那里长大,差不多完成学业,他当时已经开始用意大利语写诗了,这时他看到希腊正在抗击土耳其人——当时土耳其人是巴尔干半岛的主人。童年的记忆、母亲的形象和母亲曾经唱给他的歌谣再次浮现在他脑海中,他决定返回祖国参与民族抗争。但是,作为一个诗人,除了写诗他还能做什么呢?他觉得应该写革命诗歌,哀悼英雄的牺牲,唤醒被遗忘的自由图景。他的希腊语知识十分有限,于是他走出家门,游历整个国家,收集以前闻所未闻的词语,忠实地全部记在笔记本上。至少真实的故事是这样说的。为收集到的新词付钱的想法是我的创造,其中的隐喻显而易见。我们的母语是我们仅有的身份证。引用海德格尔的话,我们的语言是我们仅有的家园。每个单词都为习得者打开了新的大门,但要通过这扇门,你必须付出代价。

问:您的每部影片中都有些奇妙、难忘的时刻,它们脱颖而出,让人叹为观止。这部影片中是雨夜乘巴士穿过塞萨洛尼基城的那个片段。

答:这个单镜段落完全不同于剧本。银幕上您看到的是现场即兴创作的结果。最初，这段应该是一个十分写实的镜头，无论声音和画面都是如此。但当我拍摄时，我觉得应该在这里传达一种时间停滞的感觉。这就是原本的场景被修改的原因所在。

问：整部影片中，人们都能发现与之前影片相似的画面，比如黄色派克外衣、边境的群山景观等等。

答：这当然是有意为之。这些属于我个人想象的画面。我认为，每位独具个性的导演都拥有一套可以代表自己的影像——某些特定颜色的使用，独特的格调手法，那些在一部部影片中不断重复出现的元素。

问：旅行与返家的主题特别频繁地出现在您的影片中。这些对您意味着什么？

答：旅行能带来变化和启发，让你更好地认识自己。旅行时，我会游历我的内心世界。我旅行的动机也表达了我想再次归家的愿望。

问：希腊是您的家乡吗？或者说您像亚历山大一样，他说自己的一生都是被放逐的？

答：在希腊，我像一个仍在寻找自己家园的异乡人。我一直这样觉得，也不知道为什么。我一次又一次地跨越内心深处的边界。但问题依然如故：抵达目标之前我还要跨越多少条边界?尽管在希腊我觉得自己是异乡人,但我无法离开这个国家。在任何地方我都会有相同的感觉。

问:您曾说过:"我像呼吸那样拍摄电影。"那么您是如何呼吸的呢?

答:拍摄时我不会强求任何事。我尽力给时间以空间,给空间以时间。拍摄过程中我给时间以喘息之机。

问:您知道为何您的《永恒和一日》荣获金棕榈奖这一戛纳最高奖项,而《尤利西斯的凝视》没能获此殊荣吗?

答:获金棕榈奖像跟一名女士约会。尤利西斯和我,我们如约而至,但金棕榈奖没有出现。这次金棕榈奖来了,可能是因为我没有对它抱有期待吧。

"I Shoot the Way I Breathe: *Eternity and a Day*", excerpts published in *Die Zeit*, February 1999.© 1998 by Gabrielle Schulz.

关于其他……

达恩·弗伊纳鲁 /1999

问：您的父母来自南方的伯罗奔尼撒和克里特，而您却迷恋希腊北方，迷恋那里阴暗的天空、湿冷的冬季和大雨。

答：这是我常被问到的一个问题，我无法解释。过去我一直试图找到一个答案，但真的找不到。或许得追溯到很久以前。也许心理分析能揭示真正的根源吧。我现在能告诉您的是，当开始拍摄我的第一部故事片《重建》时，我记得一天下午的画面，在故事发生的那个小村庄里，周围的景色都是深浅不一的灰色，阴暗的天空、土褐色的小房子、多石的山丘，天空正下着雨，只是毛毛细雨，薄雾笼罩着山峦，那个村子几乎被废弃了。像 20 世纪 50 年代的很多希腊人一样，大多数人去了德国，去寻找更好的生活。只有几个一身黑衣的老妇，在幽暗的光线中影影绰绰，鬼祟无声地穿过狭窄的街道。突然间我听到一个苍老如破锣的嗓音哼唱着一首古老的歌谣，是个年迈的老人在唱着："哦，可爱的柠檬树……哦，可爱的柠檬树。"后来我把这首歌用在影片中。那是让我终生无法忘怀的魔幻时刻：蒙蒙细雨、茫茫惨雾、灰白的石头、幽灵般的黑衣老妇、吟唱的老者。这个被废弃的乡村，受军事独裁统治的土地上一个被遗忘的角落，于我而言，正是被持续不断的移民潮所抽干的一个国家的形象，留下来的只有一首古老的情歌。这幅景象可能已经深深刻印在我的潜意识之中，成为之后我所有影片的"子宫"。这就是我认为第一部影片是原始种子的原因，之后的一切或是第一个主题的变体和发展，或是从这一主题演变而来的详细阐释。对我而言，《重建》包含了我之后发展出来的所有主题。我确实认为一个导演会翻来覆去制作相同一部电影。后来我又重复观赏了伯格曼的很多影片，发现这种情况也出现在他身上。

问：您是在家里，从您父母那里习得对文化的热爱吗？

答：不完全是。我父亲是一个小店主，我母亲是一个普通的家庭主妇，最关心的就是自己孩子的健康幸福。我不记得自己对文化的喜爱源自何处，但知道我是在内战期间，接近 1944 年底，在我们仍然称之为"红色 12 月"[1] 的那段时期，在雅典开始写作。那些共产党怀疑我父亲是自由派人士，因此逮捕了他。实际上，逮捕我父亲的那个人是我的堂兄，

---

[1] 参见第 28 页脚注。

因为我家像其他希腊家庭一样分为两派，自由派和共产主义派。父亲不在家的这段时间，出于我自己至今都不清楚的原因，我写了自己的第一批诗歌。从那以后，我就真的相信诗歌是我生命中最重要的影响因素了。我最初的导师都是些诗人，如果说一开始我写的诗有些幼稚，但十六岁时，我的一些诗实际上已经在文学期刊和日报的文化副刊上发表了。写诗是我的首个艺术活动。

问：您现在还写诗吗？

答：还写呢。但还是回到您的问题上吧。我喜爱音乐，但我当时买不起国家管弦乐队周日音乐会的门票。取而代之的是，我每周日早上都会拿着收音机不放手，听他们的音乐广播。所以，瞧，您的问题没有明确的答案，我只能告诉您我的家庭并不真正关注文化。尽管多年后，我的确在父亲的行李箱里找到他年轻时收藏的一些书，其中有茨威格和巴尔扎克的书，还有更多各种各样的经典作品。因此现在看来，这个小店主年轻时除了经商，似乎还对其他事情感兴趣。

就像我跟您讲过的那样，有一天他被捕然后消失了。离家数月，被关押在希腊中部某个地方，最后被释放，他只能步行回家，路程有这个国家的一半那么长。我记得在街道尽头看到他时，孩子们正在街道上玩耍，他慢慢朝我们走过来。我冲回家叫我母亲。我们知道他应该会回家，但当我告诉母亲看到了他时，她还是冲到街上去迎接他。回到家里，谁也说不出话来。我们围坐在桌旁，喝着自家做的汤，默默地彼此注视着。我们每个人都想号啕大哭，但大家都强忍着泪水。您可能记得，这就是影片《重建》中开始的那场戏。

问：您还记得德军占领期间的事吗？

答：我常常挂在嘴边的一句话是"我是一个战时儿童"。我出生时，希腊被独裁者梅塔克萨斯将军统治。1940年，意大利侵略希腊。我记得的第一个声音是战争警报。我头脑中的第一个景象是德军进入雅典，那场景就如我在影片《塞瑟岛之旅》开头的单镜段落中描绘的一样。当年的情景都展现在那个镜头里了，包括年轻的德军士兵指挥交通，那个孩子拍一下他的肩膀后逃进迷宫式的小巷中，士兵在后面追赶他。不管怎样，我觉得我们总是会沉浸于自我的记忆之中，重温我们在真实生活中所经历的某些片段。我的作品中充斥着儿童时和青春期的所有特殊时刻，以及那时的情感与梦想。我认为我们所做的一切都来源于此。

问：您什么时候第一次有了清晰的政治立场？

答：只要我人在希腊，我就把自己视为不关心政治的人。只有当我去了巴黎，我才有意识地选择加入左翼。当然，在20世纪50年代，我参加过各种学生示威运动，比如支持塞浦路斯，但其背后并无政治意识。每当左翼与右翼学生要在校园里打架时，我都会避而远之。与此同时，也就是高中毕业后，我开始意识到我对电影的兴趣与日俱增至近乎痴迷。
我经常光顾那些放映侦探电影的二十四小时影院，看了很多
这类影片。自然，这种类型的美国经典影片，如约翰·休斯
顿、亚伯拉罕·波隆斯基（Abraham Polonsky）、霍华德·霍
克斯（Howard Hawks）、拉乌尔·沃尔什（Raoul Walsh）的
作品，是我看得最多的。但我观看的首部影片是迈克尔·柯
蒂兹导演的《一世之雄》(*Angels with Dirty Faces*)。我依然记
得片中那个场景：詹姆斯·卡格尼（James Cagney）被带到
电椅上，投射到墙上的影子，他的叫声——"我不想死"。那
时我应该是九岁或十岁。这也许能解释我为何至今仍迷恋侦
探故事，不管是侦探小说还是侦探电影。

问：您只对电影感兴趣，还是也对文学、音乐、绘画和
其他艺术感兴趣？

答：对绘画不那么喜欢，更喜欢文学和音乐。在文学作
品中，我喜欢诗歌多于小说，不过我肯定读过了那时翻译成
希腊文的几乎所有作品，天啊！后来，我也开始读法文作品。

问：您有最喜欢的作家吗？

答：陀思妥耶夫斯基。有时为了读《卡拉马佐夫兄弟》，
我会装病在家。我还喜欢托尔斯泰、契诃夫，所有的俄国文
学作品。我不知道这是不是当时的流行风气，但这些作品给
我留下了不可磨灭的印象。当然还有司汤达的《帕尔马修道

院》和《红与黑》。在所有的法国作家中，我最喜欢司汤达。后来我才发现萨特和加缪。

问：这些人现在还是您最喜欢的作家吗？
答：司汤达是的，当然还有陀思妥耶夫斯基。

问：在音乐方面呢？
答：跟其他人一样，我从莫扎特开始欣赏音乐，他的曲子是最容易理解的。后来我听了所有作曲家的作品，最终喜欢上巴赫和维瓦尔第。

问：您学过法律，快要毕业的时候，突然间放弃了一切。为什么？
答：的确是这样的。快要毕业的时候，我决心不做律师。此前我有过犹疑，但到了我不得不做出决定的时候，我知道自己的决定会遭到全家人的反对。我叔叔是个律师，有自己的律所，而且没有子嗣，好像一切都为我接手做好了准备。但就在这个时候，我毅然决然地拒绝这一切。但我必须提到另一件事。我觉得这是当时对我影响最大的事，那就是我十一岁的妹妹去世了。如果没有这件事，我可能会毫无悬念地踏上已经为我铺好的那条路。因为在那之前，我家还是一个正常的家庭。悲剧发生后，阴霾笼罩着我家。我母亲哭了好几个月，接下来的数年也一直处于哀痛之中。

还有一件事，当我开始频繁光顾影院时，不像我那些朋友，他们主要关注电影明星，比如埃罗尔·弗林（Errol Flynn）、泰隆·鲍华（Tyrone Power）和艾娃·加德纳（Ava Gardner），我一直注意影片的"签片人"，即导演。我并不是有意这样做，而是影片的作者吸引了我。毫无疑问，那时我看的大多是美国电影。它们中有很多绝佳的侦探故事，也有非常精彩的歌舞片，当然还有伊利亚·卡赞（Elia Kazan）的电影。如今他的这些影片在希腊有很大争议。很多人认为他是一位伟大的电影制作人但……他背叛了友人，可能并非无缘无故，但他在卖友求荣的路上走得太远了[1]。像朱尔斯·达辛（Jules Dassin）这样的人，作为卡赞背叛行为的受害者，拒绝遗忘和原谅也是自然的。这些并不能减损卡赞的导演天赋和那时他制作的影片质量。

问：那时您有没有关注电影出版物？

答：希腊出现第一本有趣的电影杂志时，我已经是个大学生了。当时，随着阿伦·雷乃（Alain Resnais）和戈达尔的首部电影问世，"新浪潮"运动随之兴起。我在一家商业影院观看了戈达尔的《精疲力尽》，当时只是作为又一部警察故事上映的。让我着迷的是他颠覆所有公认的电影准则的方式。

---

[1]　在 20 世纪美国反共产主义的氛围下，卡赞曾为众议院非美活动调查委员会（HUAC）做证，检举和揭发他人。

我想告诉您的是，这样慢慢地，当然也是无意识地，我与电影的距离被拉近了，对大学里的一切失去了兴趣。我试着参加了一门电影课程，但那时我很腼腆，而且不喜欢那门课的上课氛围。当时我已经在阅读手头所有能得到的电影文献，比如乔治·萨杜尔（Georges Sadoul）的电影词典和电影史著作——是翻译过来的希腊文版本。我父亲生病时，我以此为借口从学校退学，进入军队服役。我觉得，那两年的军队生涯特别有趣，因为我被派至一个小型的征兵委员会，去希腊各地检查应征入伍的新兵。我在陆军医疗部门当助手，由此获得平生第一次游历整个希腊的机会。以前我只知道我出生的雅典。那时我有充足的时间阅读、写作，为我新的开始做准备。

问：您那时已经认定自己喜欢做的事了吗？如果不是法律的话。

答：对我而言，我十分清楚自己要去拍电影。从军队退役后，我把朋友们召集在一起，告诉他们我要前往巴黎学习，但我没钱。他们每个人都拿出一小笔钱资助我，但只够买一张火车票。我离开时身无分文，但幸运的是，我在火车上遇到一个人，他告诉我可以在他叔叔家过夜，只能住一晚。第二天，我便前往我在雅典的法语老师给我的地址，位于巴黎市郊，距最近的地铁站大约十公里，那是我的法语老师去雅典前居住过的一间小房子。安顿下来之后，我先去"法语联盟"提高一下我的法语水平；接下来像其他学生一样，我开始找工作。在酒店当夜间服务员、卖毯子——我甚至在一家希腊夜店唱过歌。任何能找到的工作我都做。后来，一位读过我诗歌的希腊外交官为我找了份工作，并帮我在城市大学找到了住处。明面上，我学习文学，但我真正的目的是去学电影。

问：当然，您到了世界知名的法国高等电影研究学院去学习，但一直没毕业。

答：是这样的，他们在第一学年的末尾把我开除了，声称我不守纪律。

问：那是什么意思，可以详细解释一下吗？

答：尽管我的物理和数学成绩并不优秀，但还是被高等电影研究学院录取了。此外，我的历史、艺术和文学等科目的成绩是最高的。当开始拍摄我们的第一部短片时，全班同学都认为我的电影是当时最棒的，"新一代雷乃"和诸如此类的赞誉迎面扑来。我的言行表现得就好像自己已经是一名得到认可的电影制作人，但老师们很不喜欢我这种态度。他们希望我们所有人都遵循工作中的特定程序步骤，而我发现这些完全是多余的。有一天，老师让我们为一部短片准备拍摄脚本。那天早上，我迟到了。我走进教室，为迟到道了歉，然后问谁能给我一支烟。当时每个人都惊呆了，因为那时课堂上是严禁吸烟的。有个同学犹犹豫豫地递给了我一支烟，我点上，手里拿了一支粉笔，在黑板上画了一个圆圈。老师看着我问："这是什么？"我告诉他："这是我的拍摄脚本。""这是什么意思？"他问道。我解释说："这是一个360度全景镜头。"他严厉地盯着我说："我觉得你出现在这里的目的是学习。""绝对不是，"我答道，"我在这里的目的是实验。如果不能在学校里做实验，那还能在哪儿做呢？"老师火冒三丈，对我说："你最好回希腊去兜售你的天赋。"我转身离开了教室。后来，我得知那个老师去找了主任，并威胁说："要么他在要么我在。"我确实又拍了一部短片，这部片子播放完时，教室里的所有人都起立欢呼。讲课教师却固执地认为："我知道你们并非为电影鼓掌，你们是在嘘我。"于是主任把我叫到他的办公室，说我"太过成熟，不适合在学校学习"。"我理解你想很快拍出自己的首部电影。你肯定不能留下来学习了，但我给你一条免费的建议。不要从拍故事片开始，试着拍短片。"我离开时，有很多人抗议，比如乔治·萨杜尔，当时他在那里教书，他们把我当作最喜欢的学生，当然还有很多学生参与抗议，但无济于事。

我转到让·鲁什在法国人类博物馆主讲的一门课程，当时他正在尝试培训人们学习"真实电影"的制作技术，也就是他得以声名鹊起的那种纪录片类型，我在那里还制作了几部纪录片。那里的老师教我们如何使用手持摄影机，用它拍摄时如何呼吸、如何站立，如何膝盖微曲地站着拍摄。我们得在一面镜子前训练，以便查看我们所做的动作是否正确。我得说那真的很有趣。接下来我决定自己拍一部影片。我找到几个原来在高等电影研究学院的大学同学，他们每个人都专长于一门技术课，我又找到另一位有钱买电影胶片的朋友，我们一起开始制作影片，叫作《黑白之中》。影片自然是黑白的，用的 16 毫米胶片，讲的是一个人在巴黎被追得满城乱跑的故事。

问：已经拍上侦探片了。

答：是的。至于什么原因导致这个人逃亡，或是谁在追捕他，影片并未清楚交待。只有他一个人，受到不明的威胁，至于什么威胁我们从不知晓。我们在整个巴黎取景拍摄，但接下来我们意识到自己没钱冲印胶片。我从来没看到这些底片上拍了什么。多年后我与其中的两个朋友再次相逢。当时负责拍摄的摄影师，米歇尔·安德里厄（Michel Andrieu），已经凭一己之力成为电影导演。我的助手，就是提供资金购买原材料的那位，自那之后开始改编外国影片并引入法国，他刚刚结束《尤利西斯的凝视》中的工作。我们正追忆往事时，安德里厄告诉我，他家里有那部影片的冲洗胶片。他有钱之后又把胶片冲印出来了，放在家里的车库中。这有点像《尤利西斯的凝视》中那个寻找世纪初拍摄的电影胶片的故事。我刚刚找到自己入行之初拍的一部影片。

　　问：我知道，在很早的时候，您脑子里已经有特别个人化的电影风格了，尤其是那些特别长的摄影机运动。是什么让您确定这就是您要的那种电影呢？

　　答：我还真不知道。确实有一段时间，我在法国电影资料馆做引座员，不仅是为了赚些急用钱，也是为了观看他们放映的影片。我觉得那段时间我看完了他们片单上的所有影片。不仅有存档的电影，还有试映的新电影。简而言之，我看完了整部电影史。我的偏好就这么自己确立起来了。我没有沿袭爱森斯坦这类电影制作人的方向，而是像茂瑙那种，不管是他的《最卑贱的人》(Der Letzte Mann) 还是《日出》(Sunrise)，还有奥森·威尔斯及其对镜头的切入，或是雷诺阿（Jean Renoir）和他对深焦及平行故事线的使用，当然还有德莱叶的《词语》(Ordet)。还有沟口健二的《雨月物语》，我记得看过他许多不带字幕的电影，只看图像。后来有了安东尼奥尼，他的镜头相当长，完成一次深呼吸后继续观看，它还在继续。我只是觉得这一类电影比其他任何电影都让我感觉舒服。将真实时间剪切成零碎的时间片段，只关注每个片段中的高潮，却剔除了每个分镜头开始和结束时的呼吸，在我眼中，这有点像"强奸"观众，强迫你自己关注于此。我后来才找到这种偏好背后的合理解释，但我当时就能感觉到它早已深入我的骨髓。我拍摄的第一批镜头就已经是单镜段落了。

问：但您提到的一些导演，比如奥森·威尔斯，仍然广泛地使用蒙太奇。

答：是的，但并不是总用。我喜欢威尔斯的《伟大的安巴逊》(*The Magnificent Ambersons*)，或是《历劫佳人》开始的那个镜头。作为一名观众，我看诸如库布里克（Stanley Kubrick）这类导演的影片没有问题，但作为一名电影制作人，我另有所好。

问：您肯定也了解到很多人将这种风格与米克洛什·扬索联系在一起。

答：是的，但他出现得晚。他的确在使用单镜段落，但他是以一种完全不同的方式在使用。我也是在电影资料馆看到他早期的一些电影，但比较晚，是在我离开巴黎前不久。扬索确实是我喜欢的那类导演，但他对单镜段落的使用跟我不同。

问：那段时间您经常说偏爱"布莱希特的间离"。

答：是的。那个时候，他是每个人的参照点。政治电影在那时开始兴起，布莱希特展示给我们的不仅是制作政治电影的方法，他也告诉我们怎样以政治的方式拍电影。也就是说，这比好战的小册子更进了一步。在表达我们观点的同时，还要审视这些观点，永远不要忘了从批评的视角去评论。我觉得这一点十分重要，尽管在我首部影片《重建》的结构中并不总是那么明显。这部影片始于故事的结尾而终于故事的开始。除此之外还有更多地方体现了这种特征。影片表现了警察为找到犯罪嫌疑人而重建了整个谋杀过程，但还有另一层意义的重建，那就是媒体为了报纸销量而努力去挖掘案件中的所有八卦。最后，制片人[1]开始尝试重建他那个版本的谋杀案，试图去揭开谋杀背后不为人知的原因。同时，他提醒观众，他本人不是事发地的农民，他与影片中的角色之间存在不可逾越的鸿沟，反复强调这个事实是他的责任。这三个版本的谋杀案形成互补，但它们最终都将我们引至一扇锁死的大门，而且没有开门的钥匙。影片的重点并非找到谁是凶手——从最开始我们就知道这一点，而是在影片最后，透过那台不被允许进入的摄影机，我们所看到的那扇紧闭的大门背后到底发生了什么。影片呈现的是那个时候整个国家的心态和精神，同时，它是以政治方式拍摄的一部间接的政治片。

《1936年的岁月》沿袭同样的方向。片中没有主角，主要人物在牢中且几乎看不到，整个故事情节围绕这个牢房展开，似乎主体是牢房的内部。所有对话都是低语和喃喃自语，没有清晰直接的表达。既然不管怎样都不允许我拍一部有关军事独裁的影片，那我就只得不顾审查，运用布莱希特制作政治电影的模式。结果呈现出的是完全不同的镜头语言，几乎算是一种美学概念，用迂回的方式来表达，乍看似乎很神

---

[1]　由安哲罗普洛斯自己扮演。——原书注

秘，但非常容易理解。当然，我的"布莱希特时期"以《流浪艺人》收尾。

问：您从巴黎返回希腊，是因为决定了不在法国拍电影吗？

答：在让·鲁什的课程结束并且忙完我的首部未完成的影片之后，我回到雅典探亲。但我也得去见一个奥地利女孩，我跟她处在恋情之中。她住在苏黎世，是一名空姐。我们当时被爱情冲昏了头脑，一时冲动决定结婚。我们原定某天在雅典见面，但我不想在她来之前把时间全花在城里，于是我和几位画家朋友一起去米科诺斯（Míkonos）玩了。结果，不管您信不信，我完全忘了跟女友定好的见面时间、婚事安排等所有事情。过了一段时间，我发现她也没赴约。我就这样避开了结婚的危险，那是仅有的一次婚姻摆在我面前。当然，我拥有自己的家庭已经很久了，但我没有结婚。

不过我们还是回到您的问题上来吧。我回到巴黎看看能否待在那里继续工作。我当时已经有了一些选择，极可能在那里制作电影并开启自己的职业生涯。有人给我提供了一份导演助理的工作，我甚至在多部小影片中担任角色，但我不得不回雅典。我不太确定个中原因，我想可能是家庭吧。那是在军政府掌权之前很久，但大学正在沸腾。从机场回家的路上，我不得不在一处地方下了出租车改为步行，因为市中心的交通已经完全堵塞。不经意间，我发现自己身处示威学生之中。警察冲入学生队伍，横冲直撞，见人就打，其中一个警察冲过来打我。我摔在地上，眼镜破了，浑身是血。我回到家，十分激动不安。当晚，我的一个朋友，一位叫托尼娅·马基塔基（Tonia Marketaki）的电影导演给我打电话。跟我不同，她的的确确毕业于法国高等电影研究学院，当时在一份左翼报刊《民主变革》写一些与电影相关的文章。她问我未来的计划，并建议我，如果我选择留在雅典，可以成为杂志的影评人。我很惊讶当时竟然立马答应下来了。我怀疑这是那天受到惊吓导致的，我决定留在这里去了解我的国家到底在发生什么。猛然间，我在法国规划自己职业时完全忘却的希腊占据了我的内心，我不能再离开了。我在那个地方待了三年，从 1964 年到 1967 年，直到军事政变后，军政府派宪兵砸毁了我们的办公室，逮捕了在场的所有人。侥幸的是，我当时不在那里。给报刊写稿期间，作曲家范吉利斯〔Vangelis，后来因和"爱神之子"乐队（Aphrodite's Child）合作及为《烈火战车》（Chariots of Fire）配乐而举世闻名〕找到我。他和他的朋友当时正在一个名为"福明克斯"的乐队里玩音乐，这是一种古代吹奏乐器的名称。一个美国经理人看上了他们，想安排一次美国巡演，但他需要在乐队亲临现场前用一部影片为营销做准备。由于他们在国内非常出名，希腊的一位制片人表达了参与的兴趣，我也受邀去拍一部他们的宣传片。我欣然同意，于我而言，这是一次获得专业经验的机会。我用几天时间就写出了剧本，它是一个侦探故事，其中有很多甚至可以说是太多的音乐。我是本着理查德·莱斯特（Richard Lester）为披头士乐队拍摄影片的精神来做的。但当我拍摄时，两名制片人起了争执，美方合作者收拾行李走人了，可能是因为美国那边对巡演计划的反应让人失望。希腊制片人仍有兴趣继续，但他期待的影片比我设想的更加商业化。我拒绝让步并想离开，但一些朋友建议说如果我是被辞退的，结果会对我本人更好。为了刺激制片人，我把同一镜头拍了四十二次，足以令他将我辞退。他付我薪水后我们便分道扬镳了，后来我利用这笔钱拍摄了我的第一部短片。

问：我问过您选择回雅典是否有意为之，因为您偏爱希腊的景观。这是您所有影片中极其重要的要素。您对希腊景观倾注了如此多的关注，甚至体现在您谈论或是描述它们的方式上，以至于实际上不可能将您与非希腊影片联系在一起。您是否曾想过在希腊之外的别处拍一部电影？

答：没有，从来没有，这种想法对我从来没有诱惑力。我确实在其他巴尔干国家拍过一些镜头。《雾中风景》最后一个镜头是在意大利山中拍摄的。过去我曾受邀前往意大利和法国拍摄，但随着时间推移，我觉得我比以往更为紧密地与我的国家结为一体。我也知道一些尝试去国外工作的其他电影制作人的情况，最终他们发现那是根本不可能完成的任务。安东尼奥尼就不太成功，我的朋友维姆·文德斯也是如此。现在他通常在美国拍片，但我更喜欢他在德国拍的影片。像费里尼或是伯格曼（偶有破例）这样的人从不离开自己的国家，这绝非偶然，没有人会认为雷诺阿制作的美国片是他最棒的作品。

问：然而有时候您对自己的祖国十分不满。

答：是的。有时我的确十分不满，一个人可以对自己的家不满，但不一定觉得非要抛弃它。更不用说我也经常被自己的家人——希腊同胞指摘了。

问：在几年前的一次采访中，您曾说，对很多希腊电影制作人而言，您是他们的敌人，可能是因为他们在您的阴影下觉得不舒服。自那以后情况一定有所改变，不是吗？

答：我的国家与我本人，我们有一种爱恨交加的关系。有时我会十分不满，而且很多同胞认为我挡了他们的路，认为我的个性扼杀了其他所有人，我的出现妨碍了他们，没有给他们留下独立成长和发展的空间。确实，在过去的三十年中，我一直是希腊电影在国际舞台上的唯一代表。那是很长一段时间，历经几代人，自然导致一些不满，不仅是在电影制作者中，在影评人中也是这样。但这是所有小国的普遍情况。我曾造访丹麦，是在《流浪艺人》拍完之后，当地负责发行我这部影片的人很是大方，问我是否想看些丹麦的电影。我说了些新电影，但当我补充说还想再看一遍《词语》时，他真的很震惊：什么，还要看德莱叶这个老家伙的东西？在瑞典，当我要看伯格曼的电影时也出现了同样的情况。有很长一段时间，他们声称伯格曼的电影只是给外国人拍的。不要忘了，很多德国导演因国人对待他们的方式而离开了德国，文德斯便是个典型例子。我觉得法国人是唯一真正保护自己国家遗产的人。

问：过去您经常说有可能要改编一部文学作品，但至今也没实现。您所有的电影剧本都建立在原创基础上。

答：我尝试过好几次改编，但每次都半途而废。改编一本书，尤其是你喜欢的书，但又不失去原作的风格和特质，这很难。我想不出有哪次对名著的改编是成功的。我认为最适合改编成电影的要么是惊悚小说，要么是二流文学作品。例如奥森·威尔斯，就把一个相当老套的犯罪故事改编成一部杰作《历劫佳人》。还有许多此类例子，比如戈达尔的几部影片。至于我自己，我现在不想拍犯罪片，虽然我一直被安德烈·马尔罗（André Malraux）的名著《人的境遇》（*La Condition humaine*）吸引。但我认识到，在把小说改编成电影的过程中，总会损失一些东西。

问：经常有人说您的每部影片都是前一部的续集。您同意这种说法吗？

答：是这样的。这就是您永远不会在我的影片结束时看到"剧终"字样的原因。对我而言，它们都只是同一部仍在继续且永远不会完成的影片中的一些章节，因为一切都没有定论。我相信我们能做成的事永远不及我们想做之事的一个零头。我最近的一部影片《永恒和一日》，就尝试去传达一种想法：东拼西凑的只言片语，永远不足以构成一首完整的诗。

问：您的影片似乎极其个人化，不仅是因为您的制作方式不同于其他所有人，也因为这些影片确实全都在讲您自己，无一例外。人们通常会产生这种印象，即您影片中的主角——尽管是由演员扮演的——其实都是您自身的反映，被投射到跟您生活中某个方面极像的戏剧性背景中。您甚至曾告诉我，真的考虑过自己扮演其中的角色。

答：是的，大概是这样。的确有导演在自己的影片中扮演角色，像奥森·威尔斯。有时不可避免地会产生这种想法，尤其是当影片内容跟你自己的经历十分吻合时，你会觉得没有哪个演员可以演好这个角色。我在《永恒和一日》中就有这种想法。早期，我不放心由布鲁诺·甘茨主演，在内心深处，正是我自己对人物角色的认同，让我担心没有演员能满足我的预期。这就是有时我干脆停拍的原因。我需要让自己与剧本保持距离，正视它，看到人物披挂着另外一个人的特征。这种说法也适用于《塞瑟岛之旅》或是《尤利西斯的凝视》。事实上，这些角色都是复合形象，其中或多或少有你本人的成分，但也有你熟悉的他人的成分。它永远不会完全是你，但肯定有你的一部分。你越是深入角色，他们就越接近你内心深处的自我。

问：您电影中另一个常见的关注点是父子关系。

答：正如我们以前谈到童年时我告诉过您的那样，父亲形象在我本人过去的生活中至关重要。父亲的缺席（他被带走，我们当时都不知道他的死活）一直是我们所有人的重荷。自我的首部影片起，这便是极其重要的关注点。《重建》是以父亲返家开始的。此后的影片也致力于寻找父亲形象，无论是真实的父亲还是虚构的父亲，总之都会成为整部影片及其主角的参照点。

问：您影片的另一个特色——几乎全都是公路片。

答：是的，但略有不同。通常在公路片中，角色漫无目的地从一地前往另一地。在我的影片中，这些旅程都有一个目的。比如在《塞瑟岛之旅》中，是去往梦想之岛、和平幸福之岛的旅程；在《雾中风景》中，两个孩子在寻找他们的父亲；《鹳鸟踟蹰》中那名记者的旅行原因明确，他正试图揭示政客失踪之谜；在《尤利西斯的凝视》中，找到遗失的电影胶片的希望主导了整个穿越巴尔干半岛之旅。

问：您曾说过一些影片源自内心情感，还有一些影片源自心智。这个说法也适用于您的影片吗？

答：有些影片从源起上讲是有一个智性前提的；而其他

电影，则来源于情感。举例来说，《猎人》几乎完全是智性构思出来的，《1936年的岁月》也是如此，《养蜂人》直接源于内心。我的绝大多数影片都介于两者之间，是两者的结合体。

　　问：无论是来自内心情感还是来自心智，您的影片中，总会有一些魔幻时刻让我终生铭记。《流浪艺人》中的派对，《塞瑟岛之旅》里老年夫妻待在筏子上的那个最后的镜头，《雾中风景》中的强奸镜头，《鹳鸟踟蹰》里的婚礼场面，《尤利西斯的凝视》中的新年派对和驳船上的领袖雕像，《永恒和一日》中乘坐巴士的镜头。这里只举有限的几个例子。每当这些画面出现，那别出心裁的创意、想象力和诗意总会让人们一次次地惊叹不已。这些是在您拍摄影片时自然出现的还是拍前精心准备的？

　　答：两种情况都有。乘坐巴士的那个镜头并不是完全按剧本拍的。最初，在这个场景中只有作家和男孩。这差不多是一个写实的场景，当然会十分感人。两个人坐在一辆空荡荡的巴士上，在雨中穿过城市。但不知怎的，我觉得这还不够。这就是为何拍摄这个场景花了那么长时间。在我们拍摄的过程中，我逐渐修改这个镜头。最终，这个场景我拍了两次，一次按照脚本拍，第二次把脚本撇在一边。我们采用了第二个版本。《流浪艺人》中的那个派对，当时是两个男人一起跳探戈，原本只有几句对话。排练时，我决定改变一下。那个场景发生在1946年，那时人们还戴着圆顶礼帽、穿着条纹西装等等。在排练间隙休息的时候，我偶然注意到两个男人，都戴着圆顶礼帽，站在一起。钢琴师正在弹一首探戈舞曲，其中一个人走向另一个人，他们便开始一起跳起来。这完全是意料之外的。我在剧本中没写这些，甚至根本没想过，但这正是我想要的场景，而且我认为这样做是对的。有时是这种现场的即兴创作，有时几天前你就知道你要做什么。至于《雾中风景》的那个强奸镜头，它是这样拍成的：这个镜头并没有写在剧本中，但拍摄的几天前我就构思好了。而《鹳鸟踟蹰》中的婚礼场景，新娘在河的一边，而新郎在河的另一边，我写剧本时，场景跟这个是完全不同的，但我觉得缺了些什么。后来有一天，我在纽约乘巴士穿过哈勒姆到布朗克斯去。在一个车站，我看到一个黑人小男孩即兴在街道一侧跳着某种舞步，而在街的另一侧，有另外一个黑人男孩，正用自己的舞步回应他。可能这件事再正常不过了，但我头脑中立刻浮现出中间那条河。这个镜头还受到另一件事的启发，是我在 1958 年读到的故事，有关克里特岛旁边的一个小岛，一个特别小的小岛，到冬季就完全与世隔绝。在这漫长的几个月中，小岛上的牧羊人会用一种信号语言与克里特的神父沟通，那位神父会定时去看信号。如果岛上有人去世，他们会告知神父，神父则会在克里特为那些亡者做弥撒，然后他们在小岛上埋葬死者。这两个灵感来源汇聚在一起，共同催生了您在《鹳鸟踟蹰》中看到的那个婚礼场面。《尤利西斯的凝视》中的新年派对是剧本上写好的，跟电影中的表演差不多。我当时知道这场戏要在一个镜头内拍完，但在写剧本的时候，我觉得缺了点什么东西。当我们排练时，我对剧本进行了修改润色。至于驳船上的雕像那个镜头，这对我来说标志着一个时代的终结。之前我设计好了这个单镜段落，但让农民看着驳船顺着多瑙河漂流而下，从眼前经过时他们画十字这个想法，源自我在康斯坦察看到的事，那是罗马尼亚位于黑海沿岸的一个港口。当时一台起重机正将一块巨大的雕像从一艘船移到一艘驳船上，正好一艘渔船从旁边驶过。渔船上有两个人，一男一女，呆呆地站着，因眼前的情景而震惊，就好像雕像刚刚复活了一样。女人用手遮住了男人的眼睛，另一只手本能地在胸前画着十字。

但我不得不说，奇怪的是，你写剧本时觉得很重要的场景，在拍摄时却完全不是那么回事。而其他场景，可能你本来没有那么喜欢，反而成为影片的关键时刻。

问：音乐在您影片中的作用是什么？

答：我跟影片中音乐的关系历时久远。一开始我拒绝任何类型的背景音乐，只接受来自自然声源的音乐。《重建》中的民歌并不是背景音乐，而是影片中石头和人脸的延伸。在我看来，这类音乐就如同雨一样对我的影片至关重要。《1936年的岁月》中的音乐只限于偶然从收音机中捕获的广播声。《流浪艺人》中音乐要多一些，但那些都是片中剧团演员在表演时或是为吸引观众来看表演时演唱的歌曲。我在《猎人》

中遵循同样的原则，只是在《大佬亚历山大》中我决定改变一下。由于这部影片是拜占庭礼拜音乐的结构，所以我选择了古乐器演奏的古老民乐，并将它们用于传统礼拜仪式中，独奏和合奏交替转接。事实上，片中我用了两类音乐——拜占庭音乐和意大利无政府主义者（他们有自己的歌曲）的音乐。在某种程度上，这就将东方和西方并置起来，当然，希腊位于中间。在《塞瑟岛之旅》中，我最终改变了影片配乐方式，而且从那以后，在电影配乐上，我一直与作曲家埃莱妮·卡兰德鲁合作。

然而，我影片中的音乐具有鲜明的特色。它有一种让人迷恋的特质，是与具体角色紧密联系在一起的。《塞瑟岛之旅》中的主角在早上醒来，打开收音机听了一段音乐。那时我特别喜欢维瓦尔第的《双曼陀林协奏曲》，对我而言那是完美的化身。我为埃莱妮播放了这首曲子，告诉她我想要类似于大协奏曲的音乐，要跟维瓦尔第的音乐很像。她写了首曲子，就是片中角色在早上收听的那首。但后来同样的主题出现变化，变成了爵士乐、一首流行歌曲、一首小提琴独奏，体现出角色正在经历的不同处境的特殊性。这是其中一个音乐主题。第二个主题与那位父亲相关，他的农民出身通过他在战友——他离开时将他们抛下——坟茔前跳舞致敬那个场景的配乐体现出来。最后一段音乐以小提琴协奏曲的形式把这两个主题，即儿子的主题和父亲的主题，结合在一起，就在那个老人和他妻子在海上漂流而去时响起。

问：您和埃莱妮一起为电影配乐时，您给她的指示有多明确？

答：我们的关系非常密切。我首先告诉她下一部影片要讲的故事，她用一台磁带录音机把这些录下来。她不想读剧本，坚持要听到讲故事时我的声音和音调。特别奇怪的是，影片中的演员对我也有同样的要求。他们想要去熟悉的不是剧情梗概，而是我对剧情的解释。可能是因为当我讲故事时，我并不是以逻辑的、线性的方式去讲，而是努力为故事营造出足够的氛围。我选择用来表达我想法的词语、语法的结构、停顿，所有这些都在我与听者之间建立起直接的接触，这是他们在读剧本手稿时无法得到的。

问：回到埃莱妮，这是否意味着她要在影片拍完之前完成配乐？

答：当然是的。她录下我的声音，回家去听，在合成器上即兴创作，然后我们再碰头。她坐在钢琴前演奏各种主题的曲子，我听着，当有什么东西抓住我的耳朵时，我会问她是否可以重新弹奏一下刚才的乐句，但要从大调改为小调，尝试不同的节奏等等。一旦找到我需要的关键乐句，音调正确，我们就上了正轨。以《永恒和一日》为例，尽管对于这样一部表现一个人面对必死结局的影片来说，悲伤的音乐可能是显而易见的选择，但我让她不要编写悲伤的曲子。在我眼中，这部影片可以说是生命的邀请。埃莱妮最初创作了非常伤感的曲子，可能与她本人的心态有关，她父亲不久前刚去世。但那绝不是我要找的音乐。我告诉她，她写的这首曲子很优美，但不是我要的。她试图坚持自己的主张，但我不愿改变主意。然后她说还有几首即兴作品，但她觉得挺无趣的。她开始演奏其中的一首曲子，我听到后当即告诉她："就是这首。"那就是片中所有音乐的关键乐句。我们一旦确定了主题，我就让她创作出具体乐器的不同变奏，对此我们必须事先达成共识。用手风琴为《尤利西斯的凝视》配乐是我的特别要求。在我看来，这种乐器代表了这部分的音乐氛围。这就是您看到雕像顺多瑙河而下时听到的乐器。只有一次是埃莱妮自己选择的曲子，而我仍然不太确定她的选择是否正确。那就是让萨克斯风手扬·葛柏瑞克（Jan Garbarek）为《养蜂人》演奏的配乐。没错，这一次他演奏的不完全是爵士乐［尽管他的确跟基斯·贾勒特（Keith Jarrett）和其他人演奏了大量的爵士乐］，而是更接近于希腊民乐。背景音乐介乎两者之间，既不是爵士乐也不是民乐。我对这个曲子很满意，但是，我还在想是否有其他方案，因为还有些东西在困扰我，总觉得当时的音乐未能充分融入画面。

问：埃莱妮是您电影制作过程中固定的忠实合作伙伴之一，托尼诺·圭拉是另外一位。你们这种关系很奇怪，他是不会讲希腊语的意大利人，而您也不会讲意大利语。然而，正是跟他在一起时您才开始写剧本。

答：我们确实不需要讲相同的语言，但我们都是南方人。我认为所有地中海人都有一些共性，不仅仅是因为我们拥有共同的古代起源，互相往来长达数千年之久，还因为我们都靠近大海且气候相似。我在意大利时从来没觉得自己身处国外。我跟托尼诺是一种一拍即合的关系。当时他正在罗马跟塔可夫斯基一起制作影片《乡愁》。塔可夫斯基和我在同一间公寓住了几周时间，公寓的所有者是曾跟我共同制作《大佬亚历山大》的一个助理导演，当时也跟塔可夫斯基一起制作《乡愁》。关于托尼诺，那时我只知道他跟费里尼和安东尼奥尼这些人共事，但塔可夫斯基似乎也很满意他们之间的合作。我让我的助理导演，也就是那间公寓的所有者，介绍我们认识，随后他便安排我去托尼诺那里。我想要见到他、了解他，然后看看我们是否有合作的可能。进入他的公寓五分钟后，我们已经开始一起工作了。我们立刻便意识到双方正在讲同一种语言——当然是指电影语言，因为我们见面时，虽然我说法语，他说意大利语，但我们彼此完全听得懂对方说的话。我们还发现在很多事情上我们有相同的爱好。我喜欢托尼诺不仅因为他是一位诗人，还因为他那世俗的、农民的一面，这对我而言极其重要。

问：在实际工作中，当你们碰头要写一个剧本的时候，你们是怎么进行的？

答：首先我必须解释一下，虽然我的剧本基本上是自己写的，但我总是需要另外一个人唱反调，作为心理分析师或是其他什么角色，针对我的想法给出不同的意见。他会是第一个倾听我原初想法的人，他的反馈能帮助我选择正确的方向。就托尼诺来说，大多数时间他扮演的是心理分析师。我不知道有多少人像我们这样共事。

当一部影片完成，我觉得自己准备好开始制作下一部影片时，我会去他所在的山村。我们坐下来，无所不谈，喝上几杯，然后去吃午饭。接下来，当我们坐下来放松时，他会问我心中是否想到什么要拍摄的东西。这个时候我还是有些不确定。我开始讲，告诉他我此前反复思考的各种故事、吸引我的想法、触动我的画面，这些都是没有任何条理的。我来回踱步，他坐在那里悉心倾听。当出现他特别感兴趣的事情时，他会让我停下，然后记下来。

问：有点儿像您和埃莱妮一起工作时的样子。

答：确实如此。接下来，我们会回顾他记下来的所有内容，然后看看其中是否有一以贯之的思路。为此，我需要记笔记，到他为我准备的房间里，冥思苦想数小时，然后回到客厅，给出继续进行下去的思路。我们会出去喝喝咖啡，讨论我提出的思考方向。他会告诉我他是否喜欢这个方向，同时加入一些其他相关的想法（下午我在自己房间工作时他想出来的）。从中我们又会想出另一个版本，改进版，我们会像这样再斟酌三四天，讨论剧本的各种可能。但我们并不是从早到晚都这样工作。我们吃饭，长距离散步，跟村里的人见面，但我们也会讨论剧本。当我离开时，心中已经有了一个初稿。我会打电话把初稿告诉他，或是写到纸上再寄给他一份副本。但他也愿意听我讲述，不喜欢读。他会提出他的意见，然后我开始找第二个人。托尼诺在我最初的想法诞生时给予帮助。有时他特别坚持某个具体细节，比如，我们已经完成了《雾中风景》的剧本后，有一次他在希腊打电话给我，对我说："听着，西奥，我们绝对得在影片中加入一只母鸡。""你想让我在哪儿加入这只母鸡呢？"我问。"我不知道在哪儿加，"他回答道，"但我觉得我们必须加入一只母鸡，在片中的某个地方。"他是对的，片中的一个场景就是以一只母鸡开始的。

第二个跟我合作的人是我剧本的第一位读者。过去这个人是萨纳西斯·瓦尔蒂诺斯（Thanassis Valtinos），现在是彼得罗斯·马卡里斯（Petros Markaris）。透过他，我获得剧本的第一份反馈。顺便提一句，马卡里斯已经写了一本书讲我们在《永恒和一日》中的合作。他从来没告诉我，但他记录下了我们一起共事的点点滴滴，我们所有的电话交谈，我们的讨论，他一点儿都没遗漏。他的工作内容之一是将我的手写剧本录入电脑——我仍旧不会用打字机，更别提电脑了。他把草稿给我，我修改并添加评注，再返还给他。这样往复一段时间，随着草稿的不断修订，我们或是见面或是用传真交流。直到我认为其他人已经把能给的意见全部给我了，我再自己做最后的润色。但最终拍摄的剧本只能从电影的成品印刷材料中找到。如果拿这个对比一下我开拍时的剧本，您会发现两者差异巨大。

问：另外一个从一开始就跟您共事的人是您的摄影师乔治·阿瓦尼蒂斯。你们是如何一起工作的？毕竟，鉴于您影片中那种复杂的镜头，他的工作会极其复杂和困难。

答：首先，我必须说明，在最近三部影片中，阿瓦尼蒂斯拍摄了影片的一半，另一位摄影师安德烈亚斯·西纳诺斯（Andreas Sinanos）负责拍摄另一半，没有谁能区分他们的作品。不仅仅是因为西纳诺斯在拍摄《大佬亚历山大》时已经担任阿瓦尼蒂斯的助理，所以熟悉他的工作，当然，也熟悉我的工作，而且还因为我总是站在摄影师后面，给出十分精确的指示。阿瓦尼蒂斯拍摄了我的大多数影片，自然十分了解我。但他真的是一个相当难共事的人，这也不是说我很容易相处。跟他共事的其他人并不总是能有愉快的经历。跟我共事时，他会更加顺从，不仅是因为我们相识很久，还因为他喜欢我拍摄的方式。很幸运，我们之间的关系近乎婚姻。我们已经合作三十几年了，差不多算一辈子。大多数时间，我无须对他多言，他就准确地知道该做什么及如何去做。而跟西纳诺斯共事时，我还会检查每个镜头。

问：您如何解释您想让他们做的事？您会为他们画出分

镜头吗？

答：不会，我只是告诉他们我想要什么他们就理解了。对于我想在银幕上看到什么，我有着特别清晰的视觉形象。多年以前，我曾为助理画故事梗概图，但现在，他已经跟随我二十多年，又曾在我任教过的雅典电影学校学习，根本不需要我画任何示意图了。他十分了解我，能立即猜出我的意图。经过这么多年一起工作的磨合，他们都能毫无障碍地进入电影描绘的特定世界之中。与他们共事使生活特别轻松，但尽管如此，也存在危险，那就是被"似曾相识感"（déjà vu）诱导的风险。

问：那么现在，仅仅为了规避这种风险，您会真的考虑更换这些职员吗？

答：不会。毕竟，避免陷入俗套、清醒地认识到自我重复潜在的风险，这是我的责任，不是他们的。影片中的一切，包括最小的细节，应该是什么样子，只有我的头脑中才有一个全面的总体形象，而且也只有我能做出调整和改变。但我想再补充一点：我的这一套，是依照我所说的"控制下的民主"（a controlled democracy）来运行的。我与每个在场的人讨论每个场景，告诉他们我到底想要什么和我为什么想这样做。我会倾听他们所有人的意见，有时如果觉得他们的建议合理，我就会接受。阿瓦尼蒂斯多次贡献他的想法，不仅有助于拍摄本身，也为具体场景提供了另外的维度。顺便说一下，我的电影制作完成之后，会有一些纪录片，展现我跟职员们共事的方式。

问：我不打算问您关于剪辑的事。您拍摄电影的方式应该是最基本的。但我们讨论一下，就一分钟，您与电影本身的关系。我知道您跟电影有着一种近乎肉体的关系，记得您告诉过我您如何检查从洗印室出来的每张拷贝胶片。您对数码技术一直没什么兴趣，但不久前，我听说您开始在最近一些影片中使用这种技术和艾维系统[1]。

答：我电影中的图像确实很容易剪辑。但此外，声音是一个十分复杂的问题。我最近的影片中使用了艾维系统也是事实，但在我下一部影片中，我会重新使用莫维拉声画剪辑机（Moviola）。我认为你为影片拍摄的每个图像都需要付出代价。你要有所投入才行，为此还需要强大的激励。除非你在工作中获得某种程度的满足，否则做了也没什么价值。而用数字系统和艾维系统，我得不到满足感。当我面对一台莫维拉声画剪辑机或是剪辑台时，我能感受到电影。我能控制冲印出来的每张电影胶片，我会用鼻子闻感光乳剂的气味，用手触摸胶片，我真切地享受与电影的肉体关系，而且我也不是唯一这样做的人。我看过好几部英国电影在演职员表的最后提到，电影在剪辑台上剪辑过。摄影也是如

---

[1] 艾维（Avid）是美国一家科技公司的名字，主要开发视频和音频编辑方面的软件和硬件，它们在电影行业中得到广泛使用。

此。即便今天数码影像能够满足要求或是改善电影的质量，但我仍然相信——有人早就这么说过——特定的技术缺陷对图像有好处。我最近在什么地方读到，说好莱坞考虑故意在电影中置入一些缺陷的可能性，因为他们的电影太过流畅完美了。

问：我们聊聊您的演员吧。在最近的影片中，您多次选择了非希腊演员。

答：坦率地讲，我完全不关心演员的国籍。我想要最适合这个角色的人。

问：他们不讲希腊语怎么办？您拍摄的所有影片用的都是希腊语。

答：我经常跟很多同行，比如贝托鲁奇（Bernardo Bertolucci），争论母语的重要性。在我看来，母语是我们身份不可分割的部分。这是你出生时听到的第一种语言，应该成为我们影片必需的一部分。但是，这不应该成为一种不可逾越的障碍，总有方法克服。在《尤利西斯的凝视》中，凯特尔扮演的角色来自美国，因此能说英语。马斯楚安尼学了希腊语，整整一周时间，每当拍摄结束，我都会一字一句地教他电影台词的发音，然后他再为自己配音。我坚持要他每个音调变化都发准，还有双元音和意大利语中没有的那些单辅音的发音。他曾要求让他的声音出现在电影音轨中，他确实做到了，这是个例外。希腊语是一种十分难讲的语言，对以前从未讲过的人来说肯定如此。可能对意大利人稍微容易些，因为这两种语言在声调上有某种共性关系。凯特尔只需要在电影中讲几个希腊语单词，他觉得希腊语非常难学。实际上不可能让他将希腊语讲对。《永恒和一日》中，我不得不找一位希腊演员为布鲁诺·甘茨配音，但我对这样的安排并不满意。我认为演员的声音是其个性的一部分，缺了声音，他就没有完全参与表演。听到从一个演员嘴里发出另一个演员的声音，我感觉特别糟糕。影片的配音很好，但还是让我不舒服。另外，我不得不决定是否情愿放弃与那些对我电影生涯有着重要影响的演员的合作机会。不过，说实话，我从来没想到会跟马斯楚安尼和让娜·莫罗合作。

　　跟马斯楚安尼的合作纯属运气。我原本想让吉安·马里亚·沃隆特出演《养蜂人》。我此前早在心里决定让他出演《大佬亚历山大》，但我无力支付他的经纪人开出的价格，因而未能如愿，最终我请了奥梅罗·安东努蒂出演，拍完了这部影片。但我依然希望能与他合作。在写完《养蜂人》的剧本后，托尼诺·圭拉问我是否已经想好了演员。我告诉他我想请沃隆特。"但他病得很重。"托尼诺告诉我。那时大家都知道沃隆特罹患肺癌，只剩一个肺了。"为什么你不试试马塞洛·马斯楚安尼？""不行，他太帅了。"我回答道。"让我给他打个电话，"托尼诺说，"他会来这儿，到时你再做决定。"二十分钟后马塞洛出现在那里，此前我从未与他见过面。在我眼里他是个电影偶像，但我觉得他只会演喜剧或费里尼的《八部半》那类影片，肯定不是我在《养蜂人》中需要的那种演员。为了让他确信他不适合这个角色，我开始给他讲这部影片的故事。但接下来我自己太过投入以至于沉溺其中。我当时真的深入故事情节的细节中了，然后盯着他看。我注意到他的表情正以最惊人的方式发生变化。有几次，我感觉他的眼睛湿润了。我几乎说不出话来，意识到他正是我要找的演员。在他这件事上，我是对的，我不仅充分认识到他的才华，而且当场找到了正确的人。马塞洛是唯一和我真正合作的外国演员。无须准备，也不需要在他周围谨小慎微，从那部影片的第一个镜头开始，我们就保持着充分沟通。

问：历史和政治一度处在您制作的每部影片的前台，现在也依然存在于您的影片中，这显而易见，但更多的是在背景中。更不用说《鹳鸟踟蹰》中的那句话了："政治只是一种职业罢了。"此前您说您属于左翼，您肯定还是，但方式不同了。

答：我认为，在制作影片的这些年中，身边的很多事发生了变化。早在《大佬亚历山大》中，我就试图去描绘一个变成暴君的自由斗士。我感觉，我们信仰的一切只要触碰到权力就会发生改变。这部影片是对两个主题的反思：权力和财富。这两种东西腐化了那些一开始充满理想的社会主义者。我目睹了周围所有在社会主义政权下发生的事情。我不由自主地留意到所有那些支持 1968 年 5 月事件 [1] 的人所发生的变化。我们曾经拥有的理想都已扭曲并消失殆尽。我首部将历史从前台移至背景的影片是《塞瑟岛之旅》。影片表现的是，那些曾经相信历史前景和政治变革的人最终发现，在历经三十年，为革命牺牲了个人的一切之后，他们被所有人抛弃了。这是一场政治冒险之旅，结局是那个老人，那个曾经梦想着改变世界的主人公，还有他的妻子——唯一始终陪伴其左右的人，一同漂泊进迷雾苍茫的大海。之前您提到《尤利西斯的凝视》中被拆解的雕像顺多瑙河而下的场景，在我看来，这标志着现代史中一个章节的结束。多年来，人们笃定地认为世界能够也应该被改造得更好，而与此同时，无论是努力想带来这种变革的一方，还是试图去镇压变革的另一方，都常常诉诸暴力。我这代人深受这种暴力冲突之苦。我们在希腊经历了一场内战，这场战争留下一个满目疮痍的国家，在物质和精神上都是一片废墟。

问：您似乎特别关注巴尔干地区的未来，尤其是当北约正在轰炸贝尔格莱德的时候，这实际上成为迫在眉睫的议题。

答：我认为我们正在抵近相当悲惨的世纪尾声。世纪初曾有很多希望和梦想，希望世界变得更好、更公平，世界人民之间更加相互理解。然而当我们今天环顾四周，会看到现

---

[1]　指以法国"五月风暴"为代表的大规模左翼抗议活动。

在比以往有更多的壁垒和边界，没有任何相互理解。从技术层面讲，已经有相当程度的交流。这本应该带来巨大的不同，但我觉得这恐怕只是一个虚幻的概念，真正的沟通几乎不存在。

问：在《鹳鸟踟蹰》中，那名军官抬起脚悬跨在边界线上，说他要是把脚放下去就会死。那么您能否为他也为我们想到一个有效的解决办法？废除所有边界吗？

答：在我看来，这正是欧洲联合的真正意义所在。要摆脱沙文主义及其哺育的敌意，欧洲合众国是唯一的希望。现在的欧洲似乎接近成为一个经济体，而距离成为一个政治联合体似乎相当遥远。没有这个政治联合体，经济联合体能否活下去尚存相当大的疑问。

问：在洞穿了人性之后，您真的相信有可能出现一个没有边界的世界吗？

答：这可能是个乌托邦。但不管怎么说，我觉得只有乌托邦才能改变这个世界并使其发展，可能我是个空想家吧。

问：最后，让我们简单讨论一下当今世界影业的形势。您说过，年轻时曾经一天看两三部电影？现在您还大量地看电影吗？

答：没有，我现在没有时间，这是个问题。有时我还会去电影院看电影，但往往会郑重其事，我会事先精挑细选。我得承认，有时会用录像机看电影，尽管我讨厌这种观影方式。但我这么做是为了能接触年轻人的电影作品，他们中的一些人会把影片寄给我，其他影片则是我出于兴趣和好奇挑选出来的。

问：我努力想挖掘的是您对当前影业的看法。似乎您这类导演发觉自己已被降级分到小发行商和艺术公司，而其余所有市场都被庞大的好莱坞机器霸占。

答：就我而言，情况还好。不仅是在希腊，他们还把我的电影当一回事，而且法国和德国也都还行，在那里他们发行我的电影可能用不上几百份拷贝，但还算是正常的商业发行。在英格兰，差不多也一样。在欧洲及其他亚洲国家或地区，像日本、以色列，或是中国台湾和香港，发行还是正常的。但我不知道这种情况是否会持续下去。我不确定自己会不会再像最开始那样，作品被降级到只供给艺术影院。让我们坦然面对吧，影业变化很快。现在影业最关心的，通常也是唯一关心的，是每部影片的入场人数。这是意料之中的，但不应该成为唯一的关注点。像奥森·威尔斯和德莱叶，更不用提其他很多导演了，他们一生都是非主流的，但他们是书写电影史的人。就我个人而言，我相信，在任何你能想到的领域内，发生的一切真正改变，都不是大众做出的，而是由一小撮人，由那些非同一般的杰出人士创造的。

问：但您认为今天这些非同一般的杰出人士能找到出路吗？

答：如果今天找不到，或许明天或后天能找到。我不是一个悲观主义者，尽管很多人认为我是。我正努力看清事物的本来面目……

问：一些人可能会坚持认为您就是一个悲观主义者……

答：不，我不是，我是一个忧郁症患者（melancholic）。根据亚里士多德的观点，忧郁是创造精神的源泉。我还得说，我觉得我们不应该因所有这些接踵而至的、打破票房纪录的轰动大片感到过度担心。一些影片可能相当成功，但很快会被遗忘；另外一些影片可能观者寥寥，却会名垂影史。

问：近来您有看过这类优秀影片吗？

答：恐怕我还没看到。但我相信这样的影片迟早会再次出现。

问：但如果这样的影片真的出现了，就必须得有人欣赏。您曾经是一位影评人。影评在将您的影片带给广大观众的过程中一直发挥着重要作用。您对当下的电影评论有何看法？

答：我觉得它反映的是影评人所供职的媒体。读得越多，我就越怀疑这些影评与真正的批评毫无关系。现在他们发表的这些东西十分肤浅，仅凭印象，背后没有太多的思考或反思。就我个人而言，我认为影评应该跟它们评论的作品一样富于创意和挑战性。现在的情况并非如此。我不想一概而论，但绝大多数影评人不仅受电影本身还受电影评分的引导。这样一来，读影评到底有什么用？过去我还会读一些有关我某部影片的影评，不管是认可的还是不认可的，而且时不时会从中发现一些甚至我自己之前都没有意识到的东西。后来我就不读了。不过但愿随着影片质量的提高，影评也能跟上步伐。

　　有时我觉得我谈的是我的个人问题，或者是我这代人的问题。我目睹很多人跟我同时开始拍摄电影，但后来放弃了。他们的影片可能跟我的大相径庭，但我们都诚心地努力去做原创，让我们的观众能欣赏到配得上他们智慧的作品，帮助他们理解自己的存在，给他们关于更美好未来的希望，教会他们如何重燃梦想。但愿这不会就此结束。

"... And about All the Rest", interview first published in this book.© 1999 Dan Fainaru.

作品年表

FILMOGRAPHY

《福明克斯的故事》(1965)
FORMINX STORY

导演
Angelopoulos

Unfinished

《广播》(1968)
THE BROADCAST (I EKPOMBI)

制片 / 导演 / 编剧
Angelopoulos
摄影
Giorgos Arvanitis
剪辑
Giorgos Triantafillou
音效
Thanassis Arvanitis
演员
Thedoros Katsadramis (Ideal Man), Lina Triantafillou (journalist), Nikos Mastorakis
(journalist), Mirka Kaladzopoulou (glamorous star)

B&W, 23 minutes

奖项
Thessaloniki Film Festival—Critics' Prize

《重建》(1970)
RECONSTRUCTION (ANAPARASTASI)

导演
Angelopoulos
制片
Giorgos Samiotis
编剧
Angelopoulos with Stratis Karras and Thanassis Valtinos
摄影
Giorgos Arvanitis
布景
Mikes Karapiperis
音效
Thanassis Arvanitis

剪辑
Takis Davlopoulos
演员
Toula Stathopoulou (Eleni Ghousis), Yannis Totsikas (Christos Grikakas), Michalis
Fotopoulos (Costas Ghousis), Thanos Grammenos (Eleni's brother), Alexandros Alexiou
(police inspector), Angelopoulos, Christos Palighianopoulos, Telis Samantas, Panos
Papadopoulos (journalists), Petros Hoidas (judge), Yannis Balaskas (police officer),
Mersoula Kapsali (sister-in-law), Nikos Alevras (assistant prosecutor)

B&W, 110 minutes

奖项

Thessaloniki Film Festival (1971)—Best Director, Best Film, Best Cinematography,
Best Actress, Critics' Prize
Hyeres Film Festival (1971)—Best Foreign Film
Berlin Film Festival (1971)—Special Mention FIPRESCI (International Federation of
Film Critics)
Georges Sadoul Award (1971)

《1936 年的岁月》（1972）
DAYS OF '36 (MERES TOU '36)

导演
Angelopoulos
制片
Giorgos Papalios
编剧
Angelopoulos, Petros Markaris, Thanassis Valtinos, Stratis Karras
摄影
Giorgos Arvanitis
美术设计
Mikes Karapiperis
音乐
Giorgos Papastefanou
音效
Thanassis Arvanitis
剪辑
Vassilis Syropoulos
演员
Giorgos Kiritsis (lawyer), Christoforos Chimaras (government minister), Takis
Doukakos (chief of police), Kostas Pavlou (Sofianos), Petros Zarkadis (Lukas Petros),
Christophoros Nezer (prison warden), Vassilis Tsaglos (guard), Yannis Kandilas (Kriezis),
Thanos Grammenos (Sofianos' brother)

Color, 110 minutes

奖项
Berlin Film Festival (1973)—FIPRESCI Award
Thessaloniki Film Festival (1973)—Best Director, Best Cinematography

---

《流浪艺人》(1974/75)
THE TRAVELLING PLAYERS (O THIASSOS)

导演 / 编剧
Angelopoulos
制片
Giorgos Papalios
摄影
Giorgos Arvanitis
美术设计
Mikes Karapiperis
化妆
Giorgos Patsas
音效
Thanassis Arvanitis
音乐
Loukianos Kilaidonis
文本和歌曲选择
Fotos Lambrinos
Songs performed by Nena Mendi, Dimitris Kaberidis, Ioanna Kiourtsoglou,
Costas Messaris
剪辑
Takis Davlopoulos, Giorgos Triantafillou
演员
Eva Kotamanidou (Electra), Aliki Georgouli (mother), Stratos Pachis (father), Maria
Vassiliou (Chrysothemis), Vangelis Kazan (Aegisthus), Petros Zarkadis (Orestes), Kyriakos
Katrivanos (Pylades), Yannis Firios (accordionist), Nina Papazaphiropoulou (old woman),
Alekos Boubis (old man), Kostas Stiliaris (militia leader), Grigoris Evangelatos (poet)

Color, 230 minutes

奖项
Cannes Film Festival (1975)—Grand Prix FIPRESCI
Berlin "Forum" (1975)—Interfilm Award
Brussels (1976)—Golden Age Award
British Film Institute (1976)—Best Film of the Year
Thessaloniki Film Festival—Best Film
Japan—Grand Prix of the Arts
Italian Film Critics—Best Film of the '70s

《猎人》(1977)
THE HUNTERS (I KYNIGHI)

Theo Angelopoulos Productions with the participation of INA

制片
Angelopoulos, Nikos Angelopoulos
导演
Angelopoulos
编剧
Angelopoulos with the participation of Stratis Karras
摄影
Giorgos Arvanitis
音乐
Lukianos Kilaidonis
剪辑
Giorgos Triantafillou
音效
Thanassis Arvanitis
美术设计
Mikes Karapiperis
演员
Vangelis Kazan (Savvas), Betty Valassi (his wife), Giorgos Danis (Yannis Diamantis), Mary Chronopoulou (his wife), Ilias Stamatiou (Antonis Papadopoulos), Aliki Georgouli (his wife), Nikos Kouros (colonel), Eva Kotamanidou (his wife), Stratos Pachis (Giorgos Fantakis), Christophoros Nezer (politician), Dimitris Kamberidis (communist)

Color, 165 minutes

奖项
Chicago Film Festival (1978)—Golden Hugo Award
Turkish Film Critics—Best Film of the Year

《大佬亚历山大》(1980)
MEGALEXANDROS

RAI, ZDF, Theo Angelopoulos Productions, Greek Film Center

制片
Nikos Angelopoulos
执行制片
Phoebe Economopoulos, Lorenzo Ostuni (RAI)
导演
Angelopoulos

编剧
Angelopoulos, Petros Markaris
摄影
Giorgos Arvanitis
美术设计
Mikes Karapiperis
服装
Giorgos Ziakas
音乐
Christodoulos Halaris
剪辑
Giorgos Triantafillou
演员
Omero Antonutti (Megalexandros), Eva Kotamanidou (his daughter), Grigoris Evangelatos (teacher), Michalis Yannatos (guide), Laura de Marchi, Francesco Ranelutti, Brizio Montinaro, Norman Mozzato, Claudio Betan (Italian anarchists), Toula Stathopoulou, Fotis Papalambrou, Thanos Grammenos (community committee), Christophoros Nezer (Tzepelis), Ilias Zafiropoulos (young Alexander)

Color, 210 minutes

奖项
Venice Film Festival (1980)—Golden Lion for Best Film, New Cinema Award, FIPRESCI Award

---

《一村，一人》(1981)
ONE VILLAGE, ONE VILLAGER (ENA CHORIO, ENAS KATIKOS) (documentary)

Greek Armed Forces Television (YENED)

导演
Angelopoulos
摄影
Giorgos Arvanitis
剪辑
Giorgos Triantafillou
音效
Thanassis Arvanitis

Color, 20 minutes

《雅典，重回卫城》（1982）
ATHENS, RETURN TO THE ACROPOLIS (ATHENA, EPISTROFI STIN
ACROPOLI) (documentary)

Trans World Films, ERT TV, Theo Angelopoulos Productions

导演 / 编剧
Angelopoulos
文本
Costas Tahtsis
摄影
Giorgos Arvanitis
音乐
Manos Hadjidakis, Dionyssis Savopoulos, Lukianos Kilaidonis
诗歌
George Seferis, Tassos Livaditis
剪辑
Giorgos Triantafillou
音效
Thanassis Georgiadis
美术设计
Mikes Karapiperis

Color, 43 minutes

《塞瑟岛之旅》（1983）
VOYAGE TO CYTHERA (TAXIDI STA KYTHIRA)

Greek Film Center, ZDF, Channel 4, RAI, Greek Television, Theo Angelopoulos Productions

制片
Giorgos Samiotis
执行制片
Samiotis, P. Xenakis, Phoebe Economopoulos, V. Licuressi
导演
Angelopoulos
编剧
Angelopoulos with Thanassis Valtinos, Tonino Guerra
摄影
Giorgos Arvanitis
美术设计
Mikes Karapiperis
服装
Giorgos Ziakas

音乐
Eleni Karaindrou
音效
Thanassis Arvanitis, Dinos Kittou, Nikos Achladis
演员
Manos Katrakis (old man Spyros), Giulio Brogi (Alexandros), Mary Chronopoulou (Voula), Dionyssis Papayannopoulos (Antonis), Dora Volanaki (Katerina, old Spyros's wife), Athinodoros Proussalis (police captain), Michalis Yannatos (coast guard officer), Vassilis Tsaglos (president of the dock workers' union), Despina Geroulanou (Alexandros's wife), Tassos Saridis (German soldier)

Color, 137 minutes

奖项
Cannes Film Festival (1984)—Best Screenplay Award, FIPRESCI Award

---

《养蜂人》（1986）
THE BEEKEEPER (O MELISSOKOMOS)

Greek Film Center, Greek Television (ERT-1), Marin Karmitz Productions (France), Basicinematografica (Rome), Theo Angelopoulos Productions

执行制片
Nikos Angelopoulos
导演
Angelopoulos
编剧
Angelopoulos with the participation of Dimitris Nollas, Tonino Guerra
摄影
Giorgos Arvanitis
音乐
Eleni Karaindrou
剪辑
Takis Yannopoulos
音效
Nikos Achladis
美术设计
Mikes Karapiperis
演员
Marcello Mastroianni (Spyros), Nadia Mourouzi (the girl), Serge Reggiani (the sick man), Jenny Roussea (Spyros's wife), Dinos Iliopoulos (Spyros's friend)

Color, 120 minutes

《雾中风景》(1988)
LANDSCAPE IN THE MIST (TOPIO STIN OMICHLI)

Greek Film Center, Greek Television (ERT-1), Basicinematografica (Rome),
Theo Angelopoulos Productions

导演
Angelopoulos
编剧
Angelopoulos with the participation of Tonino Guerra and Thanassis Valtinos
摄影
Giorgos Arvanitis
剪辑
Yannis Tsitsopoulos
音乐
Eleni Karaindrou
演员
Tania Palaiologou (Voula), Michalis Zeke (Alexandros), Stratos Tzortzoglou (Orestes)

Color, 126 minutes

奖项
Venice Film Festival (1988)—Silver Lion for Best Director, FIPRESCI Award,
Art Cinema Association (CICAE) Prize, Pasinetti Award
Chicago Film Festival (1988)—Golden Hugo Award, Best Cinematography Award
Felix Award for Best European Film of the Year (1989)

《鹳鸟踟蹰》(1991)
THE SUSPENDED STEP OF THE STORK (TO METEORO VIMA TOU PELARGOU)

Greek Film Center, Theo Angelopoulos Productions, Arena Films (France), Vega Films
(Switzerland), Erre Productions (Italy)

制片
Angelopoulos, Bruno Pesery
执行制片
Phoebe Economopoulos, E. Konitsiotis
导演
Angelopoulos
编剧
Angelopoulos, Tonino Guerra, Petros Markaris, in collaboration with Thanassis Valtinos
摄影
Giorgos Arvanitis, Andreas Sinanos
美术设计
Mikes Karapiperis

服装

Giorgos Patsas

剪辑

Yannis Tsitsopoulos

音乐

Eleni Karaindrou

音效

Marinos Athanassopoulos

演员

Marcello Mastroianni (politician who disappeared), Jeanne Moreau (his wife), Gregory Karr (Alexander, the journalist), Ilias Logothetis (the colonel), Dora Chrysikou (young bride), Vassilis Vouyouklakis (production director), Dimitris Poulikakos (television cameraman)

Color, 126 minutes

《尤利西斯的凝视》（1995）

ULYSSES' GAZE (TO VLEMA TOU ODYSSEA)

Theo Angelopoulos Productions, Greek Film Center, MEGA Channel, Paradis Film, La Générale d'Images, La Sept Cinéma with Canal+, Basicinematografica, Instituto Luce, RAI, Tele-Muenchen, Concorde Films, Herbert Kloider and in association with Channel 4

制片

Giorgio Silvagni, Eric Heumann, Dragan Ivanovic-Hevi, Ivan Milovanovic

执行制片

Phoebe Economopoulos, Marc Soustras (Paris)

导演

Angelopoulos

编剧

Angelopoulos with the participation of Tonino Guerra, Petros Markaris, Giorgio Silvagni

摄影

Giorgos Arvanitis

音乐

Eleni Karaindrou (violin solo: Kim Kashkashian)

剪辑

Yannis Tsitsopoulos

音效

Thanassis Arvanitis, Marton Jankov-Tomica, Yannis Haralambidis

美术设计

Giorgos Patsas, Miodrag Mile Nicolic

演员

Harvey Keitel (A), Maïa Morgenstern (woman in Florina, Penelope, Kali/Calypso, widow/Circe, Nausica), Erland Josephson (Ivo Levy), Thanassis Vengos (taxi driver), Giorgos Michalakopoulos (Nikos), Dora Volanaki (old lady in Albania), Mania Papadimitriou (mother in A's memory)

Color, 176 minutes

奖项

Cannes Film Festival (1995)—Grand Prix, FIPRESCI Award
Felix for Best European Film of the Year (1995)

《永恒和一日》（1998）
ETERNITY AND A DAY (MIA EONIOTITA KE MIA MERA)

Theo Angelopoulos Productions, Greek Film Center, Greek Television (ERT-1), Paradis
Films SRL, Intermedia SA, La Sept Cinéma with Canal+, Classic SRL, Istituto Luce,
WDR, ARTE

执行制片
Phoebe Economopoulos
导演
Angelopoulos
编剧
Angelopoulos in collaboration with Tonino Guerra, Petros Markaris
摄影
Giorgos Arvanitis, Andreas Sinanos
剪辑
Yannis Tsitsopoulos
音乐
Eleni Karaindrou
音效
Nikos Papadimitriou
美术设计
Giorgos Ziakas, Costas Dimitriadis
服装
Giorgos Patsas
演员
Bruno Ganz (Alexander), Fabrizio Bentivoglio (the Poet), Isabelle Renauld (Anna),
Achileas Skevis (the boy), Alexandra Ladikou (Anna's mother), Eleni Gerassimidou
(Urania), Iris Hatziantoniou (Alexander's daughter), Nikos Kouros (Anna's uncle), Alekos
Oudinotis (Anna's father), Nikos Kolovos (the doctor)

Color, 132 minutes

奖项

Cannes Film Festival (1998)—Golden Palm Award for Best Film, Ecumenical Prize

Theo Angelopoulos: Interviews

Edited by Dan Fainaru

Published by agreement with University Press of Mississippi,

3825 Ridgewood Road, Jackson, MS 39211.

Website: www.upress.state.ms.us

Simplified Chinese edition published in 2025

by Shanghai Bookstore Publishing House, Shanghai

图书在版编目(CIP)数据

永恒和一日：安哲罗普洛斯访谈录 ／（以）达恩·
弗伊纳鲁编 ；静恩英译. -- 上海 ：上海书店出版社，
2025.5. -- ISBN 978-7-5458-2435-3

Ⅰ. K835.455.78

中国国家版本馆 CIP 数据核字第 20256D1J77 号

著作权合同登记号　图字 09-2025-0001

责任编辑　伍繁琪　王　慧
营销编辑　王　慧
装帧设计　山川制本 workshop

永恒和一日:安哲罗普洛斯访谈录

[以色列]达恩·弗伊纳鲁 编

静恩英 译　焦晓菊 校

出　　版　上海书店出版社
　　　　　（201101　上海市闵行区号景路 159 弄 C 座）
发　　行　上海人民出版社发行中心
印　　刷　上海雅昌艺术印刷有限公司
开　　本　889×1194　1/32
印　　张　8.625
字　　数　170,000
版　　次　2025 年 5 月第 1 版
印　　次　2025 年 5 月第 1 次印刷
ISBN 978-7-5458-2435-3/K·518
定　　价　68.00 元